KB272130

매일 저녁
90초를
위한 시간

매일 저녁 90초를 위한 시간

오늘도 질문하는 기자의
뉴스가 되지 못한 문장들

심수미 지음

차례

추천의 글 8
들어가며 10

1장 90초를 위한 기록의 분투

2장　언론사라는 일터

3장 여성기자라서

추천의 글

나의 10년에 걸친 JTBC에서의 삶과 기자 심수미는 떼어놓을 수 없다. 흔한 표현으로 '고난과 영광'의 시기에 가장 치열하게 부딪히고 풀어내고 하는 작업을 함께 했다. 그가 온몸으로 현장을 관통해 얻어낸 결과는 '발제'라는 이름으로 아침 회의에 올라왔고, 나는 고백하건대 그 발제문을 처음으로 접할 때가 하루 중 가장 즐겁고 흥분되는 시간이기도 했다. 오늘날 한국의 기자를 떠올릴 때 몇 안 되는 이름 중에 그의 이름이 앞자리에 놓이게 된 것은 행운이나 우연이 아니다. 책을 받으면서 그 시절 아침에 받아들었던 '발제'를 접할 때와 같은 즐거움과 흥분이 앞선다.

—

손석희 언론인

기자 심수미라는 인간의 관점으로 잠시 살아볼 수 있게 하는 책이다. 박근혜-최순실 국정농단 사건 취재를 이끌며 '나라를 구했다'라는 말을 듣던 심수미가 방송기자다운 간결함과 담백한 진솔함으로 남은 이야기를 들려준다.

세기의 특종에서 시차를 두고 쓰인 이 책은 정직함을 무기로 택했다는 점에서 내가 아는 심수미답다. 질곡을 겪고 투명을 선택하는 용기가 빛난다. 저널리즘 안에서 자신이 무엇을 배우고 빚졌는지 그 명과 암을 소상히 밝히며 세상에 하나라도 더 돌려주고 싶어하는 태도는, 아는 것을 최대한 널리 알리려는 직업의식의 연장이다. 현실에서 발을 떼지 않은 현업자로서 심수미 기자가 체득한 걸 아낌없이 풀어놓았으니, 미래의 기자들이 이 안에서 살아 있는 경험담을 건져낼 수 있게 됐다.

무엇보다 자기 분야에서 10여 년간 분투해온 한 여성이 일이 주는 희로애락을 도려내지 않고 직면한 덕에, 웃고, 울고, 화내고, 슬퍼하고, 즐거워하고, 담대하게 굴다가도 뒤돌아 아파하는 그의 삶이 입체적으로 전해진다. 동시대인에게 끈질기게 묻고, 동시대와 끊임없이 호흡해온 기자가 남길 수 있는 글이다. 참으로 인간적인 미시사를 써냈다.

—

김인정 작가, 《고통 구경하는 사회》 저자

"주문, 피청구인 대통령 윤석열을 파면한다."

2025년 4월 4일, TV에서 생중계로 이 문장을 들으면서 환호했다.

2024년 12월 3일, 현직 대통령 윤석열의 비상계엄 선포는 태어나서 처음 마주하는 공포와 분노를 동시에 불러일으켰다. 당시 출산을 보름여 앞두고 휴직 중이던 나는 당장이라도 국회 앞으로 달려가고 싶은 마음을 억누르며 TV 앞에서 밤을 꼬박 지새웠다. 그런데도 탄핵 선고 뉴스를 보는 게 개운하지만은 않았다. 마음 저 아래 한구석이 무거웠다.

윤석열에게 탄핵을 선고하기 불과 8년 전인 2017년 3월 10일, 헌법재판소는 대통령 박근혜를 파면했다. 헌정사상 처음 있는 일이었다. 서슬 퍼렇던 박근혜 정부의 권위에 균열을 내고 결국 대통령 파면에 이르는 과정에서 나를 포함한 JTBC 특별취재팀, 그리고 많은 언론의 '국정농단' 보도가 한 축을 담당했다.

"사필귀정이지요."

수사가 거의 마무리되고, 핵심 인물들이 모두 기소되고 나서 만난 자리에서 소회를 묻자 당시 국정농단 수사팀의 한 관계자가 한 말이었다. 나는 깊이 공감했다. 역사의 물줄기가 '바른길'을 향해 흐르도록 일조한 것 같아 내심 뿌듯한 마음도 들었다.

그렇다. 나는 도취되어 있었다. 사실상 주 6.5일을 일했다. 일주일에 하루 쉬었는데도 해가 질 무렵이면 다음 날 기사 발제 거리를 찾기 위해 자료를 뒤지고 전화를 돌리기 시작했다. 때로 코피가 나고 샛노란 위액을 토해도 개의치 않았다. 꽤 자주 위해성 협박을 받고, 주말마다 광화문 사거리에 수의 차림으로 합성된 내 사진이 내걸렸지만, 신경 쓰지 않았다. 전국적으로 JTBC에 대한 환호와 응원이 쏟아졌던 시절이다. 기자 인생에서 이렇게 큰 사건을 취재할 수 있다는 것이 운이 좋다고 생각했다. 여기에 세상이 커다랗게 바뀌는 보람까지 있었으니 더할 나위 없었다.

그런데 세상은 '바른길'로만 가지 않았다. 돌고 돌아 다시 '대통령 탄핵'이었다. 그것도 '사필귀정'을 외치며 전직 대통령을 단죄했던, 바로 그 검사가 대통령 권력 전횡의 정점을 보여줬다.

그 모습을 TV로 지켜보는 2025년의 나는, 과로의 여파로 2023년 안면마비를 진단받고 여전히 후유증에 시달리던 상태였다. 사랑해 마지않던 나의 직업은 '기레기'도 모자라 '재래식 언론'이라는 멸칭으로 불리며 조롱거리로 전락해 있었다. 도대체 무엇을 위해, 건강을 잃을 정도로 나의 젊음과 열정을 불태웠나 회의감이 일었다. 그래도 역시 '사람 죽으라는 법은 없다'고, 생각지 못한 곳에서 힘을 얻었다. 오래전 출간을 제안받고 조금씩 적어왔던 취재기는 내가 왜 기자라는 일을 좋아했고, 그 일이 어떤 의미가 있었고, 우리 사회에 또 어떤 역할을 했는지를 하나씩 되짚어주었다.

진부한 표현이지만, 입사 후 17년이라는 시간은 정말이지 눈 깜짝할 사이에 흘렀다. 국정원 댓글 조작 의혹(2012), 세월호 참사(2014), 국정농단(2016), 남북정상회담(2018), 코로나 팬데믹(2020), 이태원 참사(2022)⋯⋯.

굵직한 사건들만 꼽아봐도 대충 이 정도다. 여기에 남들은 잘 모를, 내가 집중했던 주요 사건들까지 촘촘하게 줄 세워보자면 A4용지 한 바닥을 충분히 채울 수 있다. 모두 다 담을 수 없으니 몇 가지만 추려봤다. 진짜 길어야 2분, 보통은 90초 남짓한 방송기사 하나를 쓰기 위해 최소 천 배, 만 배의 시간을 들여 고생하고 고민했던 흔적을 담아봤다. 이 기록이 우리 사회에 짙게 깔린 언론 불신과 냉소의 시선을 조금이나마 완화하는 데 도움이 되면 좋겠다.

취재를 나갈 때면 늘 두근두근했던 20대의 나는, '일중독'이었던 30대를 지나 AI 시대 저널리즘의 역할을 고민하는 40대가 되었다. 그 17년을 정리해 보았다. 그러니까 이 책은, 내가 나에게 하는 변명이기도 하다.

심수미

<u>1장</u>
90초를 위한 기록의 분투

새벽 2시쯤, 일을 마치고 회사로 복귀하는 차의 조수석에 앉았는데 심장이 여전히 벌렁벌렁했다. 하나도 졸리지 않았다. 태어나서 처음으로, 경찰의 현행범 검거 현장을 두 눈으로 목격한 밤이었다.

'와, 이 직업 진짜 너무 재밌다, 미쳤다!'

회사 차 유리창에 내걸린 '취재 차량' 문구를 찍어서 페이스북에 올리며 '재밌다'라는 세 글자도 같이 올렸다. 내가 아직 20대였던, 2012년 여름이었다.

요즘은 아예 상상도 하기 어렵지만, 그때도 경찰이 개별 언론사의 단독 동행취재 요청은 전혀 들어주지 않는 분위기였다. 다른 회사들로부터 엄청난 항의가 들어왔기 때문이다. 자고로 무식하면 용감한 법이다. 경찰 출입기자도 아니었던 나는 "타사에서 항의하면 '우리 회사에서 제보했다'고 대답하면 되지 않느냐"라며, ○○경찰서 생활질서계장을 조르고 졸라서 어렵게 동행취재 허락을 얻어냈다.

처음에는 이른바 '오피방', 그러니까 불법 성매매 단속 현장을 가려고 했다. 그런데 당일 밤 10시 무렵 약속 장소에 도착했더니 상황이 바뀌었다. 오늘 가야 하는 현장이 생겼다면서 아이템이 바뀌어도 괜찮겠냐고 물어왔다. 당연히 업무에 지장을 줘서는 안 되니까, 동행하는 것만 괜찮다면 상관없다고 답했다.

경찰 업무용 차에 동행해서 현장으로 이동하는 동안 대략적인 검거 계획을 들었다. 일반 주택가에서 은밀하게 불법 운영 중인 온라인 도박장을 급습하는 일이었다.

지하에 위치한 불법 도박장은 예약한 사람에게만 두꺼운 철문을 열어주는 방식으로 운영되고 있었다. 도박장 입구와 주변 골목에 CCTV를 여러 대 설치해 외부인의 수상한 행적이 보이면 미리 서버를 차단해버린다고 했다. 그러니 누군가 들어갈 때, 그 순간에 맞춰 경찰이 밀고 들어가 증거를 확보해야 한다는 것이었다.

그 밤에, 나는 생활질서계 형사들과 함께 차 안에서 잠복근무를 했다. 영화에서 잠복근무 장면을 볼 때면 '저 지루한 걸 어떻게 종일 하지?' 싶었는데, 막상 내가 현장에서 지켜보고 있자니 박진감이 엄청났다. 수상하게 움직이는 사람이 없는지 긴장을 풀지 못한 채로 골목 구석구석을 예의 주시하는 게 보통 시간이 잘 가는 일이 아니었다.

한두 시간쯤 지났을까? 차량 문이 홱 젖혀지며 모두 우다다 달려 나갔다. 나와 영상기자도 급히 따라 뛰어들었다. 도박장 안에서는 한 남자와 경찰 세 명이 사투를 벌이고 있었다. 경찰이 들이닥치자 업주가 장부 몇 장을 찢어 삼키려 해서 붙잡고 저지하는 중이었다. 종이는 이미 입안으로 반절쯤 쑤셔넣은 상태였다. 업주의 입을 억지로 벌려서 종이를 끄집어내는 경찰의 손이 세게 물리는 것은 아닌지, 조마조마한 마음으로 손에 땀을 쥐고 지켜봤다.

불법 온라인 도박장은 내 예상과는 달리 지극히 평범했다. 영화에서는 담배 연기가 자욱한 어둑한 공간에 손님이 버글버글하고, 김혜수 배우 같은 마담도 좀 있고, 뭔가 '그런 느낌'이 있지 않았던가.

그러나 현실은 30평쯤 되는, 형광등이 켜진 하얀 방에 벽을 따라 쭉 둘러서 컴퓨터가 놓여 있었고, 손님도 네 명뿐이었다. 나만큼 얼빠진 표정의 남성들이 손으로 얼굴을 가리면서 영상기자에게 짜증을 내고 있었다.

"찍지 마세요!"

길지 않은 몸싸움에서 이긴 경찰이 찢어진 장부를 종합해

도박 액수를 산정했다. 이들이 두 시간 동안 베팅한 금액은 약 1000만 원. 동 시간대 온라인에 접속한 인원이 1000명가량이었으니 그 안에서 수십억 원이 오가고 있던 셈이었다.

경찰은 다른 언론사들로부터 받을 항의가 못내 우려스러웠는지, JTBC 보도 예정일 오전에 보도자료를 뿌렸다. 그래서 '단독' 타이틀을 달지는 못했지만, 상관없었다. 어차피 풀[*]되는 자료는 기사 가치가 별로 없다. 나는 타사가 따내지 못한 검거 현장을 혼자서 동행취재했다. 누구도 쉽게 접근할 수 없는, 날것 그대로의 현장에서 유일한 목격자가 되어 기록한 것이다. 그저 누군가 주는 정보를 받아쓰는 게 아니라 적극적으로 발굴해냈다는 성취감에 가슴이 벅찼다.

---

[*] 동시다발적으로 정보가 배포된다는 언론계 용어.

내가 생각하는 저널리즘이란 소수만 독점하던 정보를 투명하게 만천하에 드러내는 일이다. 그로 인해 더욱 객관적으로 시시비비가 가려지고, 억울한 사람이 줄어들고, 잘못한 사람이 합당한 처벌을 받을 수 있다고 믿는다. 그렇게 우리 사회가 조금이라도 더 정의롭게 굴러갈 수 있다고 생각한다.

2021년, 진통 끝에 수술실 CCTV 설치 의무화 법안이 통과됐다. 그전에는 의료사고가 발생하더라도 의료진의 과실을 입증해야 하는 과정이 마치 난공불락의 요새와도 같았다. 환자와 보호자들은 몸에 무슨 약물이 투여되는지, 어디를 어떻게 건드려놨는지를 정확히 알 수가 없다. 당연히 수술 결과가 왜 이렇게 됐는지, 그리고 왜 복구하기 어려운 피해를 입었는지는 가늠하기조차 어렵다. 의사는 만나기도 힘든 데다, 만나봐야 '드물게 이런 경우가 있다' '환자의 컨디션에 따라 결과가 달라진다' '점차 나아질 거다'와 같은 무의미한 대답만 듣기 일쑤였다. 의료진의 과실이라는 명확한 증거도 없이 소송을 제기하기란 쉽지 않을뿐더러, 승소할 확률은 더더욱 낮다.

2015년에 만난 20대 청년 박모 씨의 가족도 그런 상황이었다. 군 제대를 앞두고 마지막 휴가를 나왔던 아들이 친구들과 농구를 하다가 새끼손가락 골절상을 입었다. 아주 간단한 수술이라고, 당일 저녁에도 외출할 거라며 집에서 나섰다.

그러나 수술한 지 불과 네 시간여 뒤인 오후 2시 30분, 아들은 심정지 상태로 발견됐다. 불과 40분 전까지 친구와 휴대전화 메신저로 대화를 나누다가, 간호사에게 구토방지제 등을 투여받은 직후부터 아무 움직임이 없었던 터였다. 박모 씨의 가족은 눈물을 쏟으며 말했다. "병원에서는 '수술 과정, 투약 과정에 문제가 없었다'라는 말만 반복하며, 수술기록지와 약물투여 내역 등의 서류만 준다."라고. 혈기왕성하고 건강하던 아들이 사경을 헤매고 있는데, 그 이유를 알 수 없으니 복장이 터질 노릇이었다.

박모 씨의 가족과 인터뷰를 마치고 병원을 찾아갔다. 병원에서는 자체적으로도 정확한 원인을 조사 중이지만, 현재로서는 색전증(부유물 등에 혈관이 막힘)일 가능성이 유력해 보인다고 설명했다. 나에게도 서류를 보여줬다. 정황상 구토방지제 투여 이후 심정지가 왔으니 약물이 바뀌었을 가능성이 높아 보였다. 그러나 병원 측에서 전부 대조해본 결과, 문제없었다는 답변뿐이었다.

나는 CCTV를 보여달라고 요구했다. 수술실이나 병실 안에는 CCTV가 없어도 대형 병원인 만큼 복도에는 당연히 설치해두었으니까. 처음에는 완강히 거부하던 병원 측도 '촬영은 안 하겠다' 'CCTV를 보기만 하겠다' '보여주지 않으면 나갈 수 없다'고 계속해서 버티자 결국은 촬영 허가를 내줬다.

유난히 눈에 띄는 장면이 있었다. 심정지 상태임을 알게 된 간호사가 허겁지겁 병실로 들어갔다가, 다시 쓰레기통부터 들고 나오는 모습이었다. 병원은 '투여 약병을 제대로 확인하기 위한 과정이었다' '저 쓰레기통에서 처방받은 구토방지제 등이 정확하게 나왔다'라고 주장했다. 화면상 그렇게 작은 약병까지 보이지는 않았으니 나 역시 그쯤에서 물러날 수밖에 없었다.

훗날 법원에서 간호사는 결국 유죄를 선고받았다. 인천지방법원 판결문에 따르면, 구토방지제 대신 전신마취를 할 때 기도삽관을 위해 사용하는 근육이완제인 '베카론'을 잘못 투약했던 정황이 뚜렷했기 때문이다. 병원 측은 사고 당일, 과실을 은폐하기 위해 법무팀장과 담당 의사가 모두 참석한 대책회의를 열었고, 간호기록지와 약품 관리 장부 등도 조작했던 것으로 드러났다. 박모 씨가 숨진 지 1년이나 지났지만, 뒤늦게나마 의료진의 과실이 입증된 것이 그나마 위안이었다.

"대형 병원을 상대로 우리가 무슨 힘이 있겠어요."

울먹이며 경찰서를 찾아가는 일조차 망설이던 박모 씨의 가족에게 꼭 고소하시라고 힘을 북돋고, CCTV가 삭제되기 전에 기록으로 남겨두게끔 병원과 싸우기를 정말 잘했다고 생각했다. 그리고 기자라는 직업의 힘을 절감했다. 기사를 쓰는 것뿐만 아니라 그 과정도 목소리가 없다시피 한 힘없는 개인들에게 확성기 역할을 해줄 수 있겠구나. 거대한 권력을 상대로 맞서 싸울 용기를 줄 수 있겠구나. 이 직업을 더욱 사랑하게 된 계기였다.

아무리 용을 써도 상대방이 입을 열지 않을 때가 있다. 중요한 정보를 쥐고 있는 사람일수록 자주 그렇다. 이쯤에서 관두고 그냥 돌아서고 싶을 때면 나는 '고문 기술자' 이근안의 두툼한 손을 생각한다. 더 정확히 말하면 그 두툼한 손등의 상처를.

심층취재부에 배치된 2012년 여름, 나는 경기도 모처에 은신해 있던 이근안을 만났다. 2006년에 출소한 후 목사 안수를 받았지만, 2010년에 "고문은 예술이다."라는 망언으로 목사직이 박탈된 뒤 두문불출해오던 터였다.

2011년 12월, 고 김근태 전 의원의 사망 이후 이근안에 대한 대중의 분노가 다시 불붙기 시작했다. 잘 알려져 있다시피 김근태 전 의원은 고문 후유증의 여파로 오랜 기간 고생을 하다가, 불과 예순넷의 나이로 눈을 감았다. 바로 이 김근태를 1985년 서울 용산구 남영동 대공분실에서 고문했던 사람이 이근안이었다.

어떻게든 이근안을 만나고 싶어서 문화부에 있었던 때부터 열심히 수소문했다. 미안한 마음은 있을까? 혹은 자신을 향한 전 국민적인 비난 여론이 억울할까? 조직으로부터 '꼬리 자르기'를 당했다는 심정일까? 혹시 이제라도 더 윗선의 책임을 폭로하고 싶은 마음은 없을까? 그러던 어느 날 운 좋게도 한 퇴직 경찰 커뮤니티에서 그의 근황을 찾아냈다. '경기도 어디 기도원에서 잘 지내고 계신다' '생활고를 겪고 있어 성금을 모아 전달해드렸다'는 내용이었다. 환하게 웃는 기념사진도 있었다. 아침 일찍 영상기자와 함께 그곳을 찾아갔다. 문을 두드리니, 사진 속의 그가 나타났다.

"할 말 없으니까 돌아가."

눈앞에서 문이 닫혔다. 예상대로 완강했다. 여러 번 문을 두드렸다가 쫓겨나길 반복했다. 그래도 포기하지 않고 골목길 어귀에서 기다리다가 그가 밖에 나올 때를 포착해서 조심스럽게 따라다녔다. 일흔도 넘은 노인이었지만 여전히 몸집이 두껍고 위협적이었다. 어쩌면 '고문 기술자'라는 별명이 주는 위압감에 압도됐기 때문일지도 모른다.

아침 9시쯤 도착했는데 거의 11시가 되었다. 조금씩 거리를 좁히다가 결국 1m 정도 간격을 두고 벤치에 나란히 앉는

데까지 성공했다.

'당신 혼자 뒤집어쓰는 것 아니냐' '억울한 면이 있지 않느냐' '당신이 원하지 않으면 기사 쓰지 않을 테니, 역사를 기록한다는 차원에서만이라도 말을 좀 해달라' 등 내 딴에는 제법 다양하게 준비해갔던 멘트가 금세 동나 버렸다. 등줄기에서 땀이 흘렀다. 저쪽 어귀에서 영상기자의 6mm 테이프는 벌써 한 시간 넘게 돌아가고 있었다. 여기까지 왔는데 매미 소리만 죽어라 녹음해서 돌아갈 수는 없었다. 어떻게든 경계심을 풀어야 했다. 아무 말이나 계속했다.

"저희 아버지 어머니, 양가가 다 6·25 때 피난 내려온 실향민 출신이에요. 외할아버지는 개성에서 재산 몰수당하고 수용소에 갇혀 있다가 탈출해서 남한으로 내려오셨대요. 우리 아버지가 전파관리소 공무원이었는데, 북한이 남한에 쏘는 메시지 같은 것 듣고 분석하는 일 같은 걸 하신 거죠. 지금 세대들은 몰라서 그렇지, 당시에 뭐 남쪽이고 북쪽이고 서로간에 간첩이 얼마나 많았겠어요."

그가 조금씩 맞장구를 쳐주기 시작했다.

"그렇지, 요즘 사람들은 상상도 못 해."

슬금슬금 50cm 간격으로 좁혀 앉으면서 한 20분을 더 혼자 떠들었을까. 마침내 가족 이야기도 다 떨어졌다. '망했다' 싶었던 그 순간에, 문득 그의 손 엄지와 검지 사이의 1cm가량

되는 상처가 눈에 들어왔다.

"이건 언제 다치신 거예요?"

한숨을 훅 내쉬고 한참이나 상처를 만지작거리던 그가 내 손에 쥐고 있던 볼펜을 가져갔다.

"딱 요만해, 총이. 그때 북한 놈들이 요만한 총을 갖고 다녔다고."

오예! 콧구멍이 벌름거리는 걸 애써 참으며 슬쩍 물었다.

"총에 맞으셨던 거예요?"

"요만한 걸 팬티 가랑이 사이에 넣고 다녀서 검문을 피하고서는 내 앞에서 꺼내 들었는데, 그걸 제지하다가……."

그다음부터는 술술 나왔다. 총알이 다행히 엄지와 검지 뼈 사이를 관통해서 큰 부상은 없었지만 살점이 너덜너덜해질 정도로 다쳤다는 것, 그 정도 부상은 별것도 아닐 정도로 간첩들은 흉포했다는 것, 증거가 다 있는데도 얼마나 뻔뻔하게 거짓말을 했는지 모른다는 것……. 마음 한편으로 고문 피해자들의 다양한 사례들이 떠올라 입맛이 썼지만, 열심히 고개를 주억거렸다.

'지금 이 사람의 말을 최대한 끌어내 기록하는 게 나의 일이다. 나는 지금 현대사를 기록하고 있다.'

속으로 그리 생각했던 것 같다.

어린 시절부터 몸집이 컸고 싸움을 잘했다고. 그래서 우연히 도둑을 잡는 데 일조했다가 경찰에 특채가 되었던 청년 시절부터, 승진에 승진을 거듭하던 장년 시절의 무용담을 들었다. 고문한 사실은 인정했다. 하지만 피해자들의 증언이 과장됐다고 주장했다. 전기고문은 AA 배터리에 소금물을 묻혀 따끔거리게 한 수준으로 겁을 준 것뿐이라고 했고, 물고문도 '반 주전자' 정도도 안 쓰게 졸졸 흘렸을 뿐이라고 했다. 구역질이 나올 것 같았지만 그 모든 이야기를 참을성 있게 들으면서 그의 입에서 '윗선'의 지시가 보다 구체적으로 나와주기를 바랐다. 가장 악독한 '고문 기술자'로 꼽히지만, 그런 기술자를 사냥개 삼아 얼마나 많은 권력자가 더 승승장구하고 호의호식했을지는 여전히 베일에 싸여 있는 상태다. 그 대목이 궁금했다. 1988년에 도피 자금은 누가 대줬는지, 1999년 돌연 자수한 배경에는 혹시 누군가의 꿍꿍이가 숨어 있는 건 아닌지……

들고 싶은 이야기가 많았지만, 딱 거기까지였다. 그는 자신이 한 일은 애국적이고 충실한 수사였다는 점만 되풀이했다. 이제 와서 누굴 지키려고 그러겠나. 정말 몰라서 아무 말도 못 하는 건 아닐까. 속으로 복잡한 생각이 들었다.

결과부터 말하자면 이근안의 인터뷰는 물먹었다.* 이근안

은 겨울쯤 꼭 제대로 된 인터뷰를 해줄 테니, 오늘의 대화는 기사화하지 말아달라고 요청했다. 자서전을 쓰고 있는데 출간 즈음에 인터뷰가 나갔으면 한다는 이유였다. 다른 언론사의 접촉에는 절대 응하지 않겠다는 약속도 했다. 단독만 유지가 된다면 겨울에 제대로 카메라 앞에 세워서 이야기를 들어야지, 그렇게 생각했다.

그해 12월, 약속대로 그에게 먼저 연락이 와서 인터뷰 촬영을 마쳤다. 13일 저녁 메인 뉴스에 편집본을 내기로 했다. 그런데 13일 아침, 경향신문에 그의 인터뷰가 대문짝만하게 났다. 이근안에게 항의 전화를 했더니 허망한 답이 돌아왔다.

"인터뷰 거절하면서 전화로 몇 마디 답한 게 그렇게 됐네."

기자와 취재원의 약속이란 게 대부분 이런 식이다. 반절쯤은 깨질 가능성을 안고 있다.

'단독 약속 파기'를 포함해서 이근안의 인터뷰는 나에게 강렬한 기억으로 남았다. 고작 3년 차 기자였던 나에게 처음으로, 입을 꾹 닫은 사람의 마음을 어느 정도는 열어볼 기회였다. 그 이후로는 늘 '저 사람의 상처는 어디인가'를 고민하게 됐다. 더 정확히는 '상대가 먼저 이야기를 털어놓을 수 있게 만드는 버튼은 어디인가' 하는 고민을.

매 순간 쉽지 않지만, 그래서 또 매력적인 직업이다.

2023년 인스타와 각종 인터넷 게시판에 〈JTBC 기자 극한직업〉이라는 제목의 게시물이 뜬 적이 있었다.

약 5cm 크기의 동양하루살이가 한강 상류 지역, 경기 남부와 서울 동부권을 중심으로 기승을 부리던 시기였다. 기자 한 명이 머리끝부터 옷 전체는 물론이고 얼굴까지 온통 동양하루살이가 달라붙은 채로 현장을 취재하고 있었는데, 그 모습을 캡처한 글이 삽시간에 화제가 된 것이다.

〈뉴스룸〉의 장수 코너 〈밀착카메라〉에 파견을 나간 사회부 기동팀 후배였다. 원래 이 코너가 '생생한 현장'을 최대한 보여주는 게 특징이라, 일반 리포트를 할 때보다 그런 생생한 장면도 더 많이, 더 길게 담은 상황이었다.

워낙 강렬했던 탓인지 '회사가 너무했네' '월급 아무리 많이 줘도 저건 못 한다'와 같은 댓글이 잔뜩 달렸다. 그뿐 아니라 타사 기자들도 당시 시경 캡[*]이었던 내게 연락해 기사 링크를 보내며 한마디씩 했다.

"선배가 시킨 것 아니에요? 너무하셨다."

"나였으면 안 했어."

그때마다 '나는 〈밀착카메라〉의 아이템 선정 프로세스와는 아무런 상관이 없다'는 설명을 계속했다. 하지만 〈밀착카메라〉에서 다루지 않았다면 기동팀에서도 충분히 기자를 보냈을 법한 이슈였기 때문에 은근한 응원의 말을 보탰다.

"기자로서는 어디든 현장이 있으면 좋은 거 아니겠어."

그 친구는 이 아이템이 엄청나게 화제가 되면서 아침 뉴스에도 출연하고, 이곳저곳에서 인터뷰 요청도 꽤 받았다. 평소에도 매사 겸손했던 후배는 인터뷰에 응해야 할지 말지 고민이 된다면서 이렇게 말했다.

"벌레 현장 취재는 〈밀착카메라〉 선배들도 몇 해 전부터 상황이 벌어지면 늘상 해오던 일이고, 제가 특별하게 노력해서 특종을 거둔 것도 아닌데 이렇게 주목을 받는 게 맞는 일인지 싶습니다, 캡."

이 친구를 안심시키기 위해서 이날 통화에서 한 다섯 번

쯤 반복해서 한 말이 있었다.

"운도 실력이야. 네 말대로 그 현장은 누가 갔어도 너처럼 일했을 테지만, 그날 그 현장에 간 건 순전히 너의 운이었고, 그 기사가 주목을 받은 것도 너의 운이었어. 누군가는 그 아이템이 발제되어도 가기 싫어서 끝까지 내뺐을 수 있고, 현장에서 더욱 소극적이었을 수도 있고, 또는 더 적극적으로 담아왔어도 별다른 주목을 받지 못한 채 묻혔을 수도 있어. 그 모든 경우의 수를 뚫고 '네가' 해왔고 '네가' 주목을 받는 거니까, 그냥 너만의 운인 거야. 실력에는 그런 운도 포함된다."

사실 이 말은 저연차 기자 시절의 나에게 당시 JTBC 사회2부장이었던 강주안 선배가 해준 얘기였다. 나는 2012년 말 심층취재부가 없어지면서 염원하던 사회부 기동팀으로 옮겨 갔다. 그리고 운 좋게도 이곳으로 옮기자마자 꽤나 파급력 강한 단독 기사를 써내게 됐다.

그해 하반기에 검찰 비리 사건이 연이어 터졌다. 김광준 서울고등검찰청 부장검사가 사건 관련자 등으로부터 9억 원대 뇌물을 받은 혐의로 구속됐다. 이런 와중에 서울동부지방검찰청의 수습 검사인 전모 씨가 여성 피의자를 검사실과 모텔로 불러 부적절한 성관계를 맺은 사실이 드러났다. 사퇴 요구에 직면한 한상대 검찰총장이 주말에도 회의를 소집하고 검찰 안팎의 의견을 청취하며 개혁안 마련에 고심을 거듭하고 있었다.

　　주말 당직 근무를 서려고 출근했던 일요일이었다. 한 평 검사가 '검찰개혁'의 필요성과 방안을 조목조목 검찰 내부 게시판에 올렸다는 기사가 떴다. '정치권력에 편파적인 수사, 재벌 봐주기 수사, 수사권·기소권·영장청구권을 독점한 무소불위의 권력, 검사의 부정에 무감각한 태도, 잘못을 인정하지 않는 오만한 권력이 비판으로 제기되고 있는데, 아니라고 할 자신이 없다'라고 했다. 그러면서 '검찰시민위원회의 실질화(기소배심제 도입)' '검찰의 직접수사 자제' '상설 특임검사제 도입'을 제시했다.

　　검찰청 자체가 역사의 뒤안길로 사라진 지금의 기준에서 보면 별것 아닌 듯 보이지만, 당시에는 현직 검사가 실명을 걸고 제안한 것 치고 꽤 파격적인 내용이었다. 당장 번호를 수배해서 연락했다. '검찰 게시판에 올린 원문을 받아보고 싶다'고 요청했더니 흔쾌히 문자로 보내주겠다는 답이 왔다.

　　그렇게 몇십 분 뒤, '○○아'라고 시작하는 편지글이 도착했다. 내게 온 문자는 검찰 내부 게시판 글의 원문이 아니었다. 대검찰청(대검) 기획조정부에 있는 동기에게 자신이 왜 그런 글을 올렸는지에 대한 설명이었다. 요약하면, 이렇게 검찰이 움직이는 '척'을 해야 국민의 분노를 잠재우고 관심을 돌릴 수 있다는 것, 이 시기만 잘 넘기면 된다는 것, 자신이 제안한

대로 바뀐다고 해도 어차피 검찰의 실질적인 권한과 위세는 달라지지 않는다는 것. 그런 취지를 담은 글이었다.

문자를 복사해 한글 파일에 붙여 확인하니 A4용지 1장 반에 달하는 장문이었다. 편지글의 뒷부분에는 당시 대선을 앞둔 정치판에 대한 분석도 함께 담겨 있었다. '모 후보는 이렇게 움직일 것이다' '대선 판이 어떻게 돼야 검찰 조직에 유리하다' 등등.

나는 당연히 문자를 받자마자 선배와 부장에게 보고했다. 이게 무슨 내용인지, 어떻게 대응해야 할지를 같이 고민했다. '잘못 보내신 건지요?'처럼 단순해 보일 문구 하나마저 선배들한테 컨펌을 받고 발송했던 기억이 난다.

뒤늦게 문자를 잘못 보냈음을 깨달은 그 검사는 '기사화하지 말아달라'고 수차례 연락을 해왔다. 나는 '내 선에서 결정할 수 있는 사안이 아니며, 선배들께 그러한 사정도 같이 보고드리겠다' 정도로만 애매하게 답변했다. 실제로 보도를 할지 말지에 대한 윗선의 판단이 아직 내려오기 전인 것도 맞았고, 그가 어떻게 나올지 어린 마음에 겁도 났기 때문에(예컨대 보도를 강행한다고 대답하면 더 윗선을 통해서 또 다른 압력을 가할 수도 있으니까), 난 똑 부러지게 기다 아니다 답하지 않고 두루뭉술하게만 대화를 마무리 지었다.

해당 보도는 문자를 받은 다음 날인 월요일, 메인 뉴스로

송출됐다. 현직 검사의 '꼼수 개혁' 아이디어를 까발리는 보도
가 나가자 '그간 논의되었던 검찰 내 모든 자정작용이 쇼에 불
과했던 것이냐'며 세간의 비아냥을 샀다. 예정됐던 각종 검사
회의는 일제히 취소됐고, 검찰개혁에 대한 사회적 요구는 더
욱 거세졌다. 나에게 문자를 보낸 검사는 바로 사표를 냈다.

선배들 모두가 '기자 생활에 한 번 있을까 말까 한 황당한
행운'이라고 이야기했다. 그저 가만히 있던 내게 검사의 속내
가 그야말로 하늘에서 뚝 떨어진 셈이니까.

"너의 운도 너의 실력이다."

바로 그때 내가 들었던 말이었다. 어쨌거나 주말에 출근
해서 부지런히 속보를 검색하고, 연락처를 수배해서 접촉을
'마침' 그 타이밍에 했던 것은 나니까.

죽으려는 자, 막으려는 자, 찍으려는 자

방송사 사회부는 현장 섭외가 업무의 절반 이상이다. 신문기자와 방송기자의 대표적인 차이점 가운데 하나다. 신문기자는 전화 취재로 간접 경험을 해도 몇천 자짜리 기사를 쓸 수 있다. 방송기자는 현장 촬영을 못 하면 아무 기사도 쓸 수 없다. 사건이 이미 벌어진 뒤라면 그냥 찾아가면 된다. 하지만 기획물의 경우 땀 냄새가 나는 현장을 미리 섭외해서 화면 안에 등장할 당사자들의 동의를 받아야 한다. 저연차 방송기자 시절 가장 큰 스트레스는 바로 이 섭외였다.

상상해보시라. 평범한 나의 일상에, 평소 내가 일하는 공간에, 갑자기 방송 카메라를 들이댄다면 얼마나 부담스럽겠는가. 경찰이나 소방 공무원들도 마찬가지다. 취재 거절은 일상이었다. 그러다 보니 하나하나의 성공은 모두 소중한 기억으로 남을 수밖에 없다.

2013년 8월 5일 월요일 아침이었다. 한강 시신 수색 작업을 동행취재해보라는 지시가 떨어졌다. 성재기 남성연대 대표가 한강에 뛰어들어 스스로 목숨을 끊은 이후 비슷한 자살 사건이 여럿 벌어지면서 '베르테르 효과 아니냐'는 말들이 나오던 때였다. 전화로 요청해봐야 어차피 턱도 없을 것 같아서 한강 변에 있는 한강경찰대 사무실을 아침부터 무작정 찾아갔다.

"안 합니다."

담당자는 말이 끝나기도 전에 손사래를 쳤다. 각종 방송사에서 취재가 가능하냐며 전화로 수도 없이 문의했지만 모두 거절했다는 말도 덧붙였다. 한 곳만 응하면 다른 언론사에서 항의를 너무 많이 하고, 그렇다고 일일이 다 응하는 건 불가능하다는 이유였다.

"그럴 줄 알고 저는 전화 안 드리고 바로 왔죠!"

너스레를 떨면서 호기롭게 종이컵에 믹스커피를 타서 아저씨처럼 다리를 널찍하게 꼬아 앉았다.

"요새 바쁘시죠? 투신이 너무 많아."

배에 힘주고 목소리를 짐짓 크게 냈지만, 손가락은 연신 종이컵을 조몰락댔다.

"안 됩니다. 가세요."

한 경찰관이 현관문을 열고, 내가 나갈 때까지 문가에 서 있을 기세로 노려봐서 어쩔 수 없이 철수했다. 일단 밖으로 나오긴 했는데 하필이면 가랑비가 조금씩 내리고 있었다. 우산도 없고 한강 변에 비를 피할 곳은 더더욱 안 보였다. 한강경찰대 문 앞에서 한 30여 분 서성거리며 생각했다.

'또 쫓겨나면 그땐 진짜 돌아가자. 명분을 만들자.'

회사로 복귀하면 '제가 이렇게까지 했는데 분위기가 이만저만하여 도저히 어려울 것 같습니다'라고 선배에게 말할 근거가 필요했다. 그래서 다시 문을 빼꼼 열고 들어갔다.

"그냥 고생하시는 모습만 조금 지켜보다가 갈게요. 저, 지금 바로 돌아가면 혼나요."

한 시간 정도 앉아서 눈치를 살폈을까, 사무실 저 멀리서 한 줄기 빛과 같은 소리가 들렸다.

"어제 못 찾은 사람, 수색 가야 하잖아? 지금 날씨 어떻지?"

귀를 쫑긋 세우고 눈치를 살폈다. 슬금슬금 미어캣처럼 일어났다.

"방해 안 되게 할게요. 정말 멀리서 당겨서 조금만 찍을게요."

경찰관들 사이에 난감하다는 듯한 눈빛이 오갔지만, 다행히 분위기가 나쁘지는 않았다. 얼른 영상취재팀에 전화를 걸어 영상기자를 보내달라 요청했다.

대원들이 찾는 사람은 토요일 밤에 한남대교에서 투신 신고가 들어온 30대 후반의 남성이었다. 전날인 일요일에 수색했지만 물살이 세서 허탕을 쳤고, 월요일인 오늘은 벌써 수색 이틀째였다. 장마철 불어난 한강은 싯누런 흙탕물이었다.

"요즘 같은 시기엔 시야 확보가 아예 안 돼서 두 배 세 배로 힘들어요. 앞에 아무것도 안 보이거든요."

강바닥과 수면을 연신 오르내리는 대원들의 모습을 애타게 지켜봤다. 한 시간 정도 지났을까. 시신이 발견됐다는 무전 소리가 들려왔다.

익사체를 실제로 보고 싶지 않다는 두려움이 엄습했다. 통상 수습기자 교육 과정에는 국립과학수사연구원의 부검 과정을 지켜보는 일정이 포함된다. 나 역시 JTBC 개국 전에 다녀온 적이 있었다. 그래도 그때는 유리 벽 너머에서 모니터로 봤었다. 바로 눈앞에서 숨진 사람을 보는 건 곧 처음 맞닥뜨리게 될 현실이었다. 특히 어디선가 읽었던 익사체의 형태 묘사(물에 붇고 물고기 등에 훼손되어 매우 처참하다는)도 떠올랐다. '너무 충격받지 말자, 담대하게 굴자'를 되뇌고 있었다.

보트 위로 올라온 시신은 예상 밖이었다. 마네킹처럼 사후경직이 진행된 30대 후반, 민머리에 빨간 바지를 입은 남성의 시신은 무언가를 향해 손을 뻗듯, 양손을 가볍게 앞으로 내민 채 눈을 감고 있었다. 피부가 약간 검푸르스름했지만 살아 있는 사람이라고 해도 이상하지 않았다. 무슨 사연이었을까, 얼마나 무서웠을까, 대체 왜 그랬을까…… 머릿속이 복잡했다.

뒷주머니에 그대로 꽂혀 있던 지갑에서 신분증을 꺼내 수색 대상자가 맞는다는 점을 확인한 경찰관들은 비닐로 시신을 덮어두었다. 한강경찰대의 역할은 여기까지다. 관할 경찰서 강력계 형사들이 곧 강변으로 도착해 시신을 인계해 갔다.

그렇다고 이들의 일이 끝난 건 아니었다. 무전이 쉴 새 없이 울렸다. 누군가는 투신 소동을 벌였고, 누군가는 아들이 자살을 예고했다며 실종 신고를 했다. 경찰관들의 움직임은 신속했기에 나도 마냥 넋 놓고 있을 수는 없었다. 보트로 이동하는 중간중간 팀장과 대원들 인터뷰했다. 어떤 점이 힘들고, 때로는 보람되고, 시민들에게 당부하고 싶은 말은 뭔지, 평소보다 더 길게 길게 이야기를 들었다. 안 된다고 했던 말을 거두고 동행취재에 응해준 감사함에 더해, 현장에서 지켜보니 '정말 목숨 걸고 일하시는구나' 싶은, 국민 한 사람으로서 감사한 마음도 더해졌기 때문이다. 하지만 길어야 총 2분 잡히는 방송 리포트에 넣을 수 있는 인터뷰 멘트는 사실 15초 남짓. 아쉽게도 엄청 짧다.

현장 포착의 어려움

방송 업계에서는 흔히 '그림이 되어야 기사를 쓸 수 있다'는 말을 한다. 물론 그림이 없어도 압도적으로 '얘기가 되면(사안이 중요하거나 화제성이 있으면)' 발제도 기사화도 가능하지만, 그런 일은 20개 중에 하나 있을까 말까다.

이 말을 뒤집으면 그림이 없으면 20개의 발제 거리 중 18~19개는 '킬'[*] 된다는 얘기다. 그러니, 그림이 없으면 그림을 만들기라도 해야 한다. 여기서 '그림을 만든다'는 건 조작을 한다는 게 아니라, 사안을 가장 직관적으로 표현해줄 수 있는 '현장을 촬영한다'는 이야기다.

2013년 봄, 관공서마다 밤이면 북적인다는 제보를 받았

---

[*] 기자가 발제한 아이템이 기사 가치가 없다는 등의 데스크 판단으로 기사화되지 않음을 뜻하는 언론계 은어.

다. 공무원들이 정시에 퇴근한 뒤에도 야근한 것처럼 속이기 위해 늦은 밤에 다시 들러 지문을 찍고 나간다는 내용이었다. 과거 수기로 근무 일지를 쓰던 시절에 횡행했던 부정 수령을 막기 위해 지문인식기를 도입한 지 몇 년 안 되었던 때였다. 새로 생긴 진풍경이라고 했다. 그림은 없는데 이야기는 되는 대표적인 제보다. 그러면 이제 그림을 만들기 위한 '노가다'에 들어간다.

서울 시내 25개 구청을 모두 밤마다 지키고 있을 수는 없는 노릇이다. 숫자가 많고 청사 구조가 잠복하기 쉬워 보이는 곳으로 추려서 영상기자와 함께 방송사 로고 없는 차를 타고 뻗치기*를 시작했다.

과연, 밤 9시가 넘으니 고요했던 구청으로 한둘씩 발걸음이 이어졌다. 다 같이 회식하고 돌아오는지 약간 취기가 오른 듯 보이는 사람들의 무리도 있었고, 차량 시동도 끄지 않은 채 트레이닝복처럼 편안한 차림으로 들어가는 사람도 있었다. 어차피 금방 돌아 나오기 때문에 시동을 끌 필요조차 없다는 듯이.

공무원들이 구청 안으로 들어갔다 나오는 시간은 1분도 채 되지 않았다. 리포트 인트로에서 충분히 묘사할 수 있을 정도로 찍었다 싶었을 때였다. 영상기자에게는 차 안에서 줌인으로 당겨 계속 찍도록 하고, 나만 혼자 몰래카메라와 마이크를 들고 구청 안 당직실로 들어가봤다. 만에 하나라도 야근수당 외의 목적으로, 예컨대 화장실을 가기 위해 구청에 들른 사람과 인터뷰를 하게 되면 안 되니까 말이다. 나와 함께 정문으로 들어섰다가 지문인식기만 찍고 돌아 나가는 중년 남성을 붙잡았다.

"야근수당 찍으러 오셨나요? 무슨 일을 하셨나요? 야근은 안 하고 지문만 찍으시는 건 아닌가요?"

한두 명만 붙잡고 물어보면 비슷한 사람들을 더 찍기란 불가능하므로 그날의 촬영은 끝이다. 빠르고 정확하게 포착해야만 한다.

그는 질문에 답을 하지 않고 달리기 시작했다. 차 안에서 나를 지켜보고 마이크로 상황을 듣고 있던 영상기자도 밖으로 달려 나왔다(이럴 때, 영상기자와의 호흡이 정말 중요하다). 마지못해 붙잡힌 그는 야근하는 다른 직원들을 확인하러 들른 거라고 답했다. 우리의 할 일은 여기까지, 그의 반론까지 담아주는 것으로 끝이다. 판단은 시청자의 몫이니까.

거창한 목표는 실패하기가 십상이다. 단숨에 10kg을 빼겠다고 생각하면 험난한 여정을 앞둔 나 스스로를 먼저 다독여 주고 싶고, 스리슬쩍 '오늘까지만 먹고 하자'는 식으로 뭉개게 된다. 목표는 쉽고 작고 구체적일수록 좋다. '하루에 30분씩 걷기' '밥 절반씩 덜어놓고 먹기'처럼 작은 성취들이 쌓여 달라진 몸을 만든다. 취재도 마찬가지다. 당장은 의미 없어 보이지만 취재원과의 신뢰 관계를 만들기 위해 노력하는 하루하루가 쌓여, 급박한 순간에 진짜 필요한 정보를 얻게 된다.

2015년 여름 법조팀*에 처음 갔을 때는 너무너무 막막했다. 서초동을 통틀어 아는 사람이라곤 단 한 명도 없었다.

● 법원과 검찰청 등을 출입하며, 주요 수사나 재판 내용을 취재하는 부서.

　　기자들은 출입처를 옮기면 대개 가장 먼저 학연, 지연을 동원해 알 만한 취재원을 수소문한다. 끈끈한 유대감 측면에서는 지역의 명문고 출신들이 월등히 유리하다는 말을 들었다. 나는 고향도 서울이고 여고 출신인 데다 대학 동문도 법조계에서는 적은 축에 속했다. 주요 수사부서의 부장검사들은 아예 전화를 안 받았고, 공보 담당인 차장검사는 선문답 같은 말만 읊조렸다.

　　취재원과의 약속 자리를 위해 몇 개 언론사 기자들끼리 모이는 걸 '꾸미'라고 부른다. 검찰 고위 간부들을 만나는 꾸미 저녁 자리마다 폭탄주를 아무리 열심히 비워도 기사로 쓸 수 있는 이야기는 단 하나도 없었다. 그런데도 다음 날 아침마다 남들은 어떻게 그리도 많은 단독 기사를 쓰는지. 새벽 3~4시면 지면매체들의 기사가 온라인에 송고되는데, 아무리 만취해서 잠들었다가도 그 시간이면 눈이 저절로 떠졌다.

　　기자들은 매일 아침 팀장한테 기사 메모를 보내야 한다. 자신이 오늘 어떤 기사를 쓸지, 맡은 분야에 어떤 일정이 있고, 다른 회사는 어떤 단독 기사를 썼는지를 정리해서 올린다. 아침 내내 기를 쓰고 전화를 돌려도 다른 기자들의 단독 보도가 맞는지 안 맞는지를 확인하는 것조차 어려웠다. 당구장 표시(※)와 함께 '확인 중'만 붙여서 올리는 날이 잦았다. 자존심도 상하고 괴로웠다.

하도 여기저기 힘들고 막막하다고 하소연을 하고 다녔더니, 회사 동기가 법조 출입을 오래 한 오이석 선배와 저녁 자리를 잡아줬다(오 선배는 이날로부터 약 반 년 뒤 JTBC 법조팀장으로 와서 오랫동안 함께 일했다).

"선배, 도대체 검찰 수사는 어떻게 취재하는 거예요?"

치킨집에서 파닭과 생맥주와 선배를 앞에 두고 그동안 내 딴에는 어떤 노력을 기울여왔는지 토로했다. 그러자 선배는 "옛날 방식이긴 한데……."라며 몇 가지 이야기를 들려줬다.

"모눈종이에 검찰청 그림을 그려. 1층부터 14층까지 창문 몇 개, 거기에 특수부, 공안부, 무슨 부, 무슨 부가 어디에 있는지를 적는 거야. 밤에 그 모눈종이를 대보고, 불 켜진 방을 찾아가는 거지."

"검사들은 어차피 안 만나주지 않아요?"

"안에서 누군가 조사를 받고 있으면 변호사든 피의자든 왔다 갔다 하는 사람들이 있으니까 붙잡고 물어봐야지. 검사들한테도 취재의 성의를 보이는 셈이기도 하고."

선배가 준 또 하나의 팁은 법원이었다.

"검사든 수사관이든, 검찰은 '수사 기밀 누설' 자체가 위법인데 법원은 해당이 안 돼. 그러니까 법원, 특히 영장계 직원들이랑 친해두면 좋지. 압수수색 말고도, 계좌든 휴대전화든 뭐든 까보려면 영장이 발부돼야 하거든. ○○ 신문사는 예전에는 영장계 회식도 정기적으로 시켜준다는 말이 있었어."

"선배 아는 사람 있으세요? 소개해주실 수 있어요?"

"밤마다 가서 병 음료 돌리고 인사하고 그러면서 친해져야지."

선배는 단서를 달았다.

"우리가 어렸을 때 이렇게 배웠다는 거지, 요즘은 이렇게 하는 사람이 거의 없어. 문화도 많이 바뀌었으니 참고만 해."

시계를 보니 밤 10시가 조금 못 되었다. 난 생맥주잔을 비우고 일어섰다.

"선배, 그러면 저 지금 바로 검찰청 좀 가보겠습니다."

"지금 간다고?"

"바로 해보죠, 뭐."

소위 '밤 마와리'. 법원 영장계는 후배에게 전담시키고, 나는 검찰청 창문 지도를 그려서 불 켜진 곳을 열심히 돌았다. 도무지 전화도 문자에도 답이 없던 특수부 부장검사들에게 '늦은 시간까지 고생하시네요' 운운하는 문자를 남기고 찾아갔다.

결론부터 말하면, 법조팀에서 근무한 약 3년 동안 이 방식으로 제대로 된 기삿거리를 얻은 적은 없었다. 대부분은 못 오게 했고, 운 좋게 만나도 역시 짤막한 선문답 정도만 들을 수 있었다. 잠긴 검사실 문 앞에 쪼그려 앉아 '귀대기'˙나 하다가 집에 가기 일쑤였다. 밤 12시, 부장검사 방에서 회의를 마치고 나오는 평검사들에게 명함을 건네봐야, 그네들은 총총걸음으로 각자 방으로 사라졌다.

하지만 사람들과의 이야깃거리는 확실히 풍성해졌다. 방호공무원들은 "밤마다 고생이네."라며 덕담을 해줬다. 어떤 날은 수사관에게 "여기 계시면 안 됩니다." 하고 혼나기도 했지만, 또 어떤 날에는 담배 피우러 나온 수사관과 농담을 주고받기도 했다. 시간이 흘러 다른 검찰청으로 근무지를 옮긴 한 평검사가, 당시 복도에서 자주 목격됐던 나를 보며 "대단하다고 생각한 적이 있어요."라고 말했을 때의 뿌듯함은 잊지 못한다.

그렇지만 이 일은 내가 2015년부터 2018년까지 법조팀에 있을 때 가능했던 이야기다. 2019년 말에 도입된 공보 규정에 따라, 현재 법조기자는 별도의 허가 없이 검찰청사 기자실 외 구역에 접근하는 것이 사실상 금지되어 있다.

● 벽이나 문틈에 귀를 바짝 대고 내부 이야기를 듣는 취재 은어.

'반까이' 실패의 기억

법조팀으로 옮긴 지 두세 달쯤 지난 2015년 가을이었다. '희대의 다단계 사기범, 조희팔이 살아 있을지도 모른다'는 정황이 담긴 녹취록을 경향신문에서 보도했다. 조카와 측근 A 씨의 대화 녹취록인데, '삼촌이 노발대발한다'는 식으로, 살아 있는 것을 전제로 한 대화가 이어진 것이었다.

조희팔은 경찰 추산 피해자 3만 명, 피해 규모 4~5조 원으로 '건국 이래 최악의 사기범'이라고 불린다. 중국으로 도피한 이후 2011년 현지에서 죽었다는 소식이 전해졌지만, 장례식 영상의 진위 논란이 불거지면서 수사망을 피하기 위한 '눈속임'이라는 의혹이 제기된 상태였다.

경향신문의 보도 내용은 2011년에 있었던 조희팔의 장례식 영상 공개 이후인 2012년 초에 이뤄진 대화였다. 전직 검찰 고위 간부를 통해 로비 목적으로 돈을 건넸는데 '돈만 뜯어가고 일은 안 하는 거 아니냐며 노발대발했다'는 내용도 담겨 있었다.

바로 다음 날 조선일보 1면에는 조희팔의 중국 밀항을 도왔던 측근 A 씨의 인터뷰가 대문짝만하게 실렸다. '조희팔과 2013년 말에도 통화를 했고, 아직 살아 있다고 본다'는 내용이었다.

통상 기자들은 단독 기사를 보면 바이라인(by-line)부터 확인한다. 어느 부서에서 썼는지에 따라 '반까이'* 책임 배분이 갈리기 때문이다. 애석하게도 두 회사의 단독 기사 모두 법조팀 기자들이었다. 이틀 연속 대형 물을 먹고 새벽부터 심란하던 아침에, 역시나 팀장에게서 전화가 왔다.

"수미야, 짐 싸서 대구로 바로 가라."

손에 쥔 건 아무것도 없었다. 조희팔의 조카는 전화도 문자도 모두 응답하지 않았다. 경향신문에 녹취를 제공한 피해자모임 측에서는 'A 씨가 누군지는 알지 못한다'고 답할 뿐이었다. 그렇게 나는 영상기자, 오디오맨**과 함께 운전형님***의 차를 타고 대구를 향해 출발은 했다.

● 타사에서 단독 보도가 나왔을 때 이를 따라잡고 팩트를 발굴하기 위한 취재를 하는 것.

●● 영상기자 옆에서 음향·조명 등 장비를 보조하는 직원.

●●● 언론사 차량의 운행을 담당하는 기사를 뜻하는 언론계 표현.

그러나 우리는 내비게이션에 찍을 목적지가 없었다. 도착해야 할 곳도, 만나야 할 사람도, 단 하나도 알지 못했다. 이동시간 내내 차 안에서 여기저기 전화를 돌려봐도 아무것도 못 건져서, 일단은 조희팔의 고향인 경상북도 영천시의 ○○리로 갔다. 노인정 같은 곳에 가면 조희팔의 가족을 알거나 혹은 그 흔적이라도 아는 누군가를 만날 수 있지 않을까 했던, '서울에서 김 서방 찾기'와 같은 막막한 심정이었다.

다행이라면 다행이었다. 걱정했던 것보다 ○○리는 정말 작은 마을이었다. 밥을 먹으러 들른 식당에서 조희팔을 취재하러 왔다고 말했더니 슬쩍 알려주셨다.

"여기서 들었다고 하지 말고 저기 있는 저 가게로 가봐요."

그렇게 새로운 가게에 가서 물어보고, 또 옆의 옆 가게로 가서 물어보고……. 마침내 조 씨의 형제들을 안다고 하는 사람들을 만나게 되었다. 마을 주민들은 조희팔의 사망을 믿지 않고 있었다.

조 씨의 형제들에게 인터뷰를 시도했지만, 한 명은 실패했고 다른 한 명은 성공이라 부르기 어려울 만큼 짧았다. '조희팔은 죽었다'는 말만 반복하는, 의미 없는 내용뿐이었으니까. 그럼에도 이날의 일은 내게 아주 중요한 교훈을 안겨주었다. 주민들을 통해 간접적으로라도 이야기를 들으며 '현장에 가서 부딪히면 뭐가 나오긴 나오는구나'라는 값진 경험을 할 수 있었기 때문이다.

다음 날은 대구로 이동했다. 조선일보의 1면 인터뷰이였던 A 씨가 대구에 살고 있었고(주소는 몰랐다), 조희팔 사기 피해와 은닉 재산을 수사하고 있는 대구지방검찰청(대구지검)도 찾아가 보려는 목적이었다. 검찰 취재는 아예 접근조차 실패했다. 부장검사는 전화와 문자 모두 대응하지 않았고, 통상 공보를 담당하는 차장검사는 '만나줄 수 없다'는 공손하지만 단호한 문자를 보낸 뒤로 묵묵부답이었다. 김경수 당시 대구고검장은 유일하게 전화를 받아준 사람이었다. '고생이 많다'고 차를 한 잔 내주며 '청사에 더 있어봐도 쉽지 않을 거다'라고 다독여주었다. 덕분에 한결 가벼운 마음으로 빠르게 포기하고 대구지검에서 나올 수 있었다.

이제 남은 유일한 목표물은 A 씨였다. 그의 번호를 정말 어렵게 수배했다. 이렇듯 화제의 중심에 서 있는 사람들은 통상 전화를 받지 않는다. 어떻게 하면 A 씨를 잘 구슬려볼까 주저주저하다가 전화를 걸었는데, 의외로 한 번에 연결이 되었다. 그런데 전화를 받은 이유가 아주 이상했다.

"지금 내가 며칠 연속 기자들 전화 너무 많이 쏟아지는 거를 하나도 안 받고 있는데, 이거는 받으라고 하시네. 니 전화는 받으라고 하셔서 내가 받긴 받았는데, 인터뷰는 안 해."

A 씨는 몇 년 전 신내림을 받고 무당이 됐는데, 모시는 신

이 내 번호는 받으라고 했다는 거였다. 굉장히 수상했지만 어쨌거나 전화를 받아줬으니 나로서는 '땡큐'였다. A 씨에게 '인터뷰는 안 할 테니 만나만 달라' '조선일보에 나온 이야기 정도만이라도 직접 듣고 싶다'라며 간청에 간청을 거듭했다. A 씨는 내일 어디로 오라며 자신의 신당 주소를 보냈다. 카메라 촬영에 절대 응하지 않겠다고 강조를 했기 때문에 영상기자는 운전형님과 함께 골목길 어귀 차 안에서 기다려야 했다.

"별일이야 없겠지만, 제가 혹시 연락이 너무 안 되면 이 주소로 찾아와주세요."

두 사람에게 진담 반 농담 반으로 말을 남기고 연립주택의 계단을 떨리는 마음으로 걸어 올라갔다.

결론부터 말하면 이날의 인터뷰는 완전 실패였다. 조선일보에 실린 내용에서 단 한 발짝도 더 나아가지 못했다. 조희팔을 밀항시킨 과정과 중국 도피 이후에 어떻게 생활했는지 등을 조금 상세하게 듣긴 했다. 그러나 기사로서는 일말의 가치도 없는 내용이었다. 혹여 내가 당장 궁금한 내용, 그러니까 조희팔이 '지금' 어떻게 살고 있는지 정황에 관해 물어볼라치면 "그건 나는 모르지."라며 곧바로 말을 돌렸다.

"기자는 믿을 수 없어. 나는 기자를 안 만나는 사람이야."

A 씨는 계속해서 그 말만 반복했다. 그러다가도 문득문득 한 번씩 다시 말하곤 했다.

"니는 할배(모시는 신)가 만나주라고 해서 할 수 없이 만나는 거야. 니는 잘될 사람이니까 잘 쫌 도와주래."

이런 말도 했다.

"니 때문에 한국이 아주 뒤집어진다 카네. 전국 사람들이 거의 다 니를 알아볼 거라고. 니가 쓰는 기사 때문에 한국이 완전히 난리가 난대."

"무슨 기사요?"

"그건 모르겠고, 하여튼 1~2년 안에 난리가 날 끼란다. 니가 그렇게 잘되고 나면 나를 쫌 도와줘야 돼."

당장 이렇게 물을 맨날 처먹고 반까이도 못 하는 처지에 그런 소리가 귀에 들어올 리 없었다. 아니, 본인 말마따나 신이 도와주라고 했으면 시원하게 묻는 말에 대답이나 좀 잘해줄 것이지. 왜 저렇게 딴소리만 빙빙 하는지 속이 터질 지경이었다.

이 대화 자체를 깡그리 잊고 지내던 2017년 초였다. A 씨에게 전화가 왔다.

"거봐라, 내 말이 맞재?"

아무도 모르는 이야기

"갖고는 있는데, 잠적했어요. 연결이 안 될 거예요."

내 인생을 바꾼 박근혜 정부의 최순실(최서원으로 개명) 국정농단에 관한 취재는 2016년 10월 3일 개천절, 당시 한 야당 의원실 보좌관과의 통화에서 시작됐다.

텅 빈 회사의 대회의실에서 이곳저곳 전화를 돌려보다 마침내 원하는 연락처를 얻게 된 그날 그 순간의 온도와 습도와 공기는, 조금의 거짓말도 안 보태고 지금도 여전히 생생하게 기억난다.

빨간날인 개천절에 출근하는데도 내내 마음이 급했다. JTBC 특별취재팀은 타사보다 뒤늦게 꾸려졌기 때문이다.

나보다 일주일 앞서 관련 취재를 시작한 후배 두 명이 정리한 기초 자료를 살펴보고, 기존에 나온 기사들을 공부하고,

추가로 접촉해야 할 인물들의 번호를 수배했다. 통상 현직 관계자보다는 조직을 떠난 전임자의 입에서 정보를 얻기가 쉽다. 그래서 미르재단의 전 사무총장이었던 이성한을 만나봐야겠다고 생각했다. 하지만 후배들은 그의 번호를 구하지 못한 상태였다. 한창 국정감사 준비로 관련 재단에 대해 잘 알고 있을 법한 국회 교육문화체육관광위원회의 야당 의원실에 전화를 돌렸다. 다행히 어렵지 않게 이성한 전 사무총장의 번호를 받았지만, 보름 전쯤을 마지막으로 연락이 닿지 않는다는 말도 함께 들었다.

그에게 전화를 걸었다. 역시나, 신호음이 곧바로 끊겼다. '안녕하세요. JTBC 심수미 기자라고 합니다'로 시작하는 장문의 문자를 남겼다. 의외로 답문이 곧장 왔다. 당신이 누구인지 믿을 수 없으니 사원증과 명함을 보내라고. 나는 바로 사진을 찍어 보냈다. 그러자 전화가 걸려 왔다.

"무슨 이야기를 듣고 싶은 거예요? 내가 왜 당신의 취재에 응해야 합니까?"

이어서 몇 가지 질문을 더 하더니 속내를 들려줬다.

"기자들에게 너무 많이 속아 믿을 수 없어."

"누구를 만나왔는지는 모르겠지만 저는 달라요. 절대 방송에 내보내지 않을 테니 그냥 한 번만 만나주세요."

거듭되는 간청에 다행히 바로 다음 날로 약속이 잡혔다.

그렇게 개천절 이튿날인 10월 4일 오전 11시에 이성한을 만났다. 그를 안심시키려고 일부러 휴대전화를 들어 눈앞에서 전원을 껐다. 몰래 녹음하거나 촬영하는 게 아니라는 선언이었다. 그럼에도 불구하고 안경 너머로 비치는 경계심 가득한 눈빛은 달라지지 않았다. "너무 늦었다."라는 말만을 되풀이했다.

"기자들이 정말 필요했던 시기가 있었는데, 하나같이 '진실의 실체'에는 관심이 없고 '엉뚱한 것'에만 욕심을 내더라고."

그의 말을 끊고 질문했다.

"저희는 궁금한 게 심플해요. 솔직히 기업들이 어떤 곳인데, 손해 볼 일은 절대 하지 않는 그 유수의 대기업들이 대체 왜 수억씩 수십억씩 일사불란하게 돈을 냈을까요?"

그는 여전히 좀처럼 풀지 않는 팔짱만큼이나 입을 꾹 닫고 있었다. 나는 며칠간 공부한 기사들을 토대로 이런 가능성, 저런 가능성을 혼자 떠들었다.

아마도 그 모습이 가만히 듣기에 답답했던 모양이었나 보다. 약 한 시간 정도가 지나자 그가 내 손에서 볼펜을 뺏어 쥐었다. 호텔 커피숍 탁자에 있던 종이 테이블 매트를 뒤집어서 그림을 그리기 시작했다. 재단과 관련된 이야기를 한참 하다가, 안종범 당시 청와대 정책조정수석이 등장하더니 그 위에 'V(대통령)'를 그렸다. 이미 한겨레의 연속 보도로 '최순실 배

후설'이 파다한 뒤였기 때문에, 나도 질문했다.

"최순실은 어떻게 연결되는 거예요?"

"최가 어디에 있을 것 같아?"

대통령과 재단 사이를 손가락으로 찍었더니 그가 고개를 가로저었다.

"여기야."

대통령 위에 있는 공백에 '최'가 적혔다. 이어지는 말은 더 충격적이었다.

"최와 차은택 감독 사이에 사실 누가 하나 더 있어."

그 둘 사이에 '고'가 적혔다.

"이거는 정말 아무도 모르는 이야기야."

기자가 되고 생긴 직업병은 여러 가지가 있지만, 그 가운데 최고봉은 '상대방이 말을 하다가 마는 상황'을 못 견디는 것이다.

'고'라니. 이 무슨 수수께끼 같은 단서란 말인가? 배 속이 간질간질한 느낌이었다. 하지만 아무리 더 물어봐도 그는 요지부동이었다. 괜히 역효과만 날 것 같았다. 마침 시계를 보니 12시가 훌쩍 지나 오후 1시를 향하고 있었다.

"아우, 배고프지 않아요? 여기 지하 식당가 가서 점심이나 같이 드실까요?"

일부러 수첩을 탁 접어넣고 나는 짐짓 여유를 부렸다. 밥을 먹으면서도 사건 이야기는 되도록 하지 않았다. 그가 어떤 사람인지를 물었고, 나는 또 어떤 사람인지를 설명하려고 노력했다. 물론 슬쩍슬쩍 경계심이 풀렸나 싶을 때마다 '고'에 관해서 물어봤지만 실패했다. 그날은 거기까지였다.

다음 날 출근해서 이성한에게 다시 전화를 걸었다. 거의 매일 미르·K스포츠 재단과 관련한 새로운 의혹이 제기되던 시기였기 때문에 그의 의견이 궁금했다.

"○○에 나온 거 어떻게 보셨어요?"

그는 전화로는 길게 이야기하기 곤란하다고 대답했다.

"제가 계신 곳으로 갈게요! 잠깐만 시간 내주시면 안 될까요?"

다행히 반응은 긍정적이었다. '○○으로 오면 만나줄 수 있다'는 말에 바로 달려 나갔다. 회사에서 두 시간이 넘게 걸리는 지역이었지만 만나준다는 것 자체가 기뻤다.

그렇게 오후 2시쯤 이성한을 만난 나는 자정을 훌쩍 넘긴 시각에야 집으로 돌아왔다. 문을 열어주는 남편에게 외쳤다.

"오늘 정말 엄청난 일이 있었어!"

까먹기 전에 기록해둬야 할 것 같아서 노트북부터 폈다. '고'의 실체였던 고영태를 만나고, 이 씨의 휴대전화에 담겨 있던 최순실의 음성을 듣고 온 날이었다.

미르·K스포츠 재단과 고영태

벌써 10년 전 사건이니 미르·K스포츠 재단 이름조차 생소한 분도 있을 것 같아서 짧게 정리하자면 이렇다. 2016년 여름, TV조선이 단독 기사를 하나 썼다. 〈청와대 안종범 수석, '문화재단 미르' 500억 모금 지원〉. 민간 재단에 삼성·현대차·LG·SK 등 내로라하는 기업들이 불과 두 달 만에 486억을 모아줬는데, 이 배경에 전경련, 그리고 청와대 안종범 당시 경제수석비서관(보도 시점에는 정책조정수석)이 있다는 의혹 제기였다.

얼마 뒤 〈또 다른 재단에도 380억 모아줬다〉라는 제목으로, 미르재단과 유사한 K스포츠재단의 배후에도 청와대가 의심된다고 보도했다. 청와대가 강하게 부인하는 상황에서 이 보도의 제보자와 닿을 수 없었던 언론들은 추종보도*를 하기 쉽지 않았고, 의혹은 그렇게 조용해지는 듯했다.

그러다 9월에 한겨레가 언론사 가운데 처음으로 '최순실'이라는 이름을 꺼냈다. 〈K스포츠 이사장은 최순실 단골 마사지 센터장〉이라는 제목의 기사였고, 다음처럼 요약할 수 있다.

1. 두 재단이 거액을 모금하는 과정에 청와대가 개입한 정황이 있다.
2. 재단 관계자들은 최순실과 연관성이 있어 보인다.

여기까지 보도된 상황에서 JTBC의 취재는 시작됐다. 아직 최순실이 미르재단이나 K스포츠재단 설립에 어떻게 영향력을 행사했는지에 관한 구체적인 증거는 나오지 않은 상태였다. 그러니 이를 소상하게 알고 있을 이성한의 증언은 무척이나 중요했다.

2016년 10월 5일, 이 씨와 함께 있었던 약 열 시간 가운데 여섯 시간 정도는 지루하고도 긴 싸움이었다. '고'에 대해서 더 알아내려는 나와 이 씨의 실랑이가 끝없이 반복됐다.

중간에 그는 화를 내고 자리를 박차고 나가기도 했다. 그가 휴대전화를 볼 때 가자미눈으로 화면을 넘겨봤다가 '고영

● 한 매체에서 보도한 특종이나 주요 기사를 다른 언론사들이 뒤따라 보도하는 것.

태'라는 이름 석 자를 알아냈기 때문이다.

"기자들은 역시 믿을 수 없어."

건물 밖으로 빠르게 나가는 그를 뛰어가서 따라잡고 사과했다. 한참 시간이 흐르자 마음이 누그러진 그의 입에서 마침내 고 씨에게 연락을 해보겠다는 말이 나왔다.

다행히 저녁 약속이 바로 성사되어 저녁 8시경 식당에서 만났다. 명함을 건네고 인사를 한 뒤 나는 말을 아끼며 그들의 대화를 듣기만 했다. 잘못 물어봤다가 이 씨처럼 자리를 박차고 나갈지 알 수 없는 노릇이었다. 일단 오늘은 수수께끼였던 '고'가 누군지 알게 된 것, 실체를 보게 된 것만으로도 충분하다고 생각했다.

나는 잘 모르는 그들만의 대화가 한참 이어지는데, 고 씨의 입에서 '회장'이 나왔다. 직감적으로 최순실이라는 걸 알 수 있었다. 중년 여성의 몸짓과 말투를 흉내 내기도 했기 때문이다.

늘 태블릿PC를 끼고 다니면서 연설문을 고치고, 문제가 생기면 애먼 사람만 혼내며, 비서관들만 불쌍하다는 이야기를 했다. 귀가 번쩍 뜨였지만, 조용히 있었다. 속으로 '대통령 연설문이구나' '청와대 비서관 얘기구나' 짐작만 하고 있었다.

그 자리는 두 시간여 만에 끝이 났다. 그리고 둘만 남은 자리에서 이 씨로부터 나의 짐작이 맞다는 확인을 받았다. 자신도 재단 업무에 처음 참여할 때는 몰랐다고 했다. 일하다 보니 최종 결정권자가 '회장님'으로 불리는 여성이었는데, 나중에 언론 보도를 통해 바로 그 여성이 박근혜 정부 '비선 실세'로 오르내리던 최순실이라는 걸 알게 됐다고 했다.

이 씨는 자신이 가진 최 씨 녹취 파일 가운데 하나를 틀어서 들려주기도 했다. 재단에 대한 의혹 보도가 일자 이 씨를 해당 보도의 제보자라고 생각하고 회유하는 듯한 내용이었다. '나라 위해서 한 일인데 내가 무슨 죄냐'는 취지도 있었다.

그는 비보도 전제하에 알려준다는 점을 여러 차례 강조했다. 조금이라도 중요하고 재밌는 정보를 언급하고 나면 반드시 한마디를 덧붙였다.

"절대 쓰면 안 돼. 내가 사인을 주면 그때 써. 아직은 안 돼."

영원처럼 되풀이되는 설득과 실랑이 속에서 그에게 원망 섞인 질문을 한 적이 있다.

"아유, 아예 처음부터 말을 꺼내지나 말지. 대체 이야기는 왜 시작한 거예요?"

이 씨의 답변은 약간 비장했다.

"진실을 아는 사람이 나 말고 한 명은 더 있어야 할 것 같아서. 내가 언제 죽을지 모르는데, 그러면 이 세상에 진실을 아는 사람이 하나도 없게 되는 거잖아."

그는 그해 여름 큰 수술을 받은 터였다. 언제 갑자기 재발할지 모른다는 불안감을 품고 있었다. 꼭 지병이 아니어도, 신변의 위협도 느끼고 있다고 말했다.

"어떤 일을 당했는데요?"

내 질문에 한참 동안 망설이던 그는 몇몇 경험을 털어놓았다. 특히 등골이 오싹했던 일화가 기억난다.

누군가 계속 따라오는 느낌이 들어 일부러 걸음을 멈췄다고 한다. 그러고는 한쪽 무릎을 꿇고 천천히 신발 끈을 동여매는데, 뒤를 따라오던 남성이 스쳐 지나가며 낮은 목소리로 속삭이듯 말했다.

"가족들도 생각하셔야지."

'비보도 전제 약속'이란, 그 사실을 세상에 알릴 때의 공익적 가치와 비교해 언제든 깨어질 수 있긴 하다.

　나는 손용석 특별취재팀장에게 취재 내용을 빠짐없이 보고하면서도 보도 여부에 대해서는 계속 반대 의사를 피력했다. 그 이유는 이성한에 대한 인간적인 미안함보다는, 냉정하게 말해 '아껴두는 게 장기적으로 더 효율적이지 않을까'라고 생각했기 때문이다. 이 씨를 설득해서 좀 더 구체적인 정보를 끌어내고 싶었고, 나아가 내가 들었던 70개가 넘는다는 '최순실 녹취 음성'의 전체 파일을 받아내고 싶었다. 조금만 더 설득하면 가능하지 않을까, 그렇게 생각했다.

　하지만 하루가 지나고 이틀이 지나고 일주일이 지나도록 이 씨의 입에서 나오는 이야기도, 나의 취재 협조 요청에 대한 응답에도 아무런 진전이 없었다. 손용석 선배뿐 아니라 전 진배 당시 사회2부장에게도 여러 번 혼이 났다.

"너는 지금 취재원한테 너무 매몰돼 있는 거야. 최서원 녹취는 사실 없을 수도 있고, 있더라도 별 내용이 없을 수 있어. 다만 그걸 빌미로 너를 밀고 당기기만 할 가능성이 더 높아. 계속 그렇게 끌려다니기만 할 거야?"

결국, 2016년 10월 17일 월요일 〈뉴스룸〉에 기사를 내기로 하고, 이날 오후에 이성한을 마지막으로 만났다.

"내부에서 논의 과정을 거쳤어요. 이야기 나눈 것 외에 취재된 다른 내용들도 있어서 기사를 쓰지 않을 수 없는 상황이에요. '비보도 전제' 약속을 깨게 되어 죄송합니다."

파리해진 얼굴의 그가 '보도하지 않는 방법은 없는지' 재차 물었지만, 내가 할 수 있는 말은 죄송하다는 것뿐이었다.

그렇게 그날 저녁 미르재단의 최종 결정권자가 '회장님'으로 불리는 최순실이었다는 보도가 나갔다. 이 씨에게 들었던 말과 내가 직접 들었던 녹취 내용 등을 녹였다.

선배들한테 눈물 쏙 빠지게 혼난 경험은 수없이 나를 성장시켰지만, 이때의 경험은 유달리 귀중하다. 선배는 괜히 선배가 아니고, 취재를 오래 해온 사람의 '감'이란 무서운 것이라고 절실하게 깨달았다. 선배들의 말은 국정농단 수사와 탄핵심판 내용을 취재할 때 보니 진짜였던 것으로 드러났다.

검찰은 압수수색 등을 통해 이 씨로부터 해당 녹취 파일을 확보하긴 했다. 하지만 무려 18개 혐의가 적용된, 방대했던 최순실 국정농단 혐의 전체에서 보면 지극히 사소한 부분에 불과했다.

L 자 패턴

2016년 10월 18일, 이른 아침부터 JTBC 특별취재팀 단체 대화방이 울렸다. 경향신문 단독 기사 링크였다. K스포츠재단이 80억 원대 투자 사업을 맡기려던 독일 내 회사 비덱스포츠의 소유주를 확인해보니 최순실 모녀라는 내용이었다. 그들이 회사 지분의 100%를 가지고 있다고 했다. 공익을 표방한다며 설립된 K스포츠재단이 실제로는 최 씨 사익을 위해 움직인 게 아니냐는 의혹을 제기하기에 충분했다.

당시 우리는 K스포츠재단의 유령 회사로 의심받는 더블루K라는 회사를 취재하고 있었다. '비선의 비선'이라 할 수 있는 고영태가 등기이사로 이름을 올리고 있었고, 더블루K 독일 지사는 그가 대표로 돼 있었다. 하지만 정확히 이 회사가 무엇을 하는지 알지 못해 진전이 없었다. 이러던 와중에 독일 유료 기업 공개 사이트를 통해 비덱스포츠와 더블루K 독일 지사의 주소지가 같다는 걸 알았다. 더블루K도 사실상 최 씨의 유령 회사일 가능성이 있다는 이야기다.

특별취재팀장 손용석 선배는 팀의 막내였던 김필준 기자를 곧바로 더블루K 국내 사무소로 보냈다.

"선배, 책상 제일 아래 서랍에 태블릿PC가 있는데, 전원이 안 들어와요."

나는 그날 오전, 그와의 통화를 영원히 잊지 못할 것이다. 그곳에서 문제의 태블릿PC를 발견했다는 김 기자의 말에, 잊고 있던 고영태의 '최순실 흉내'가 머릿속에 퍼뜩 떠올랐다. 태블릿PC를 늘 옆구리에 끼고 다닌다며 말투를 흉내 내던 모습.

"필준아, 충전기 좀 빨리 구해보자."

"선배, 이러다 문제 생기면 어떻게 해요?"

"내가 무조건 책임질게. 혹시 조사받을 일 있으면 내가 받고, 감방 갈 일 있으면 내가 갈게. 들은 이야기가 있어서 그래. 태블릿PC 안에 뭐 들어 있는지 꼭 확인해봐야 해."

워낙 오래된 모델이라 충전기를 구하기도 쉽지 않았다. 김 기자는 인근 여러 서비스센터에 문의한 끝에 어렵게 충전기를 구했고, 오후 늦게야 전원을 켤 수 있었다. 잠금 화면을 본 김 기자는 평소 자신이 사용하던 L자 패턴을 한번 그려봤는데, 거짓말처럼 한 번에 열렸다.

앞서 했던 '운도 실력'이라는 말에 가장 잘 어울리는 기자는 이 태블릿PC를 발견한 김필준 기자라고 생각한다. 차후에 해당 태블릿PC의 개통자인 김한수 청와대 행정관은 모 언론사와의 인터뷰에서 우리 회사의 보도 배후가 의심스럽다면서, 그 이유를 이렇게 말했다.

"JTBC가 태블릿PC 잠금 패턴을 풀었잖아요. 그럴 수 있는 확률이 얼마나 될까요?"

비슷한 의문을 품은 사람은 사실 한둘이 아니었다. 나중에 듣기로는 국정농단 수사팀의 검사나 수사관 등도 마음속 저 깊은 곳에선 약간의 의문을 품고 있었다고 한다. 바로 그 L자 잠금 패턴 때문에.

훗날 김 기자가 그 당시 썼던 휴대전화를 제출해서 포렌식을 했다. 그 결과 김필준 기자가 실제로 L자 패턴을 사용하고 있었던 사실이 밝혀져 모두가 깜짝 놀랐다는 이야기를 전해 들었다.

2016년 입사한 김 기자는 수습 3개월 차부터 법조팀에서 같이 일을 했다. 어디 가서 이야기하기 조금 부끄러운 원시적인 방법이지만, 그 시절의 우리는 검찰 수사팀의 압수수색이 예상되는 날이면 막내들에게 새벽 일찍부터 주차장 뻗치기를 시켰다. 허탕 치는 날이 부지기수였지만, 어쩌다가 콤비 버스에 수사관들이 우르르 타고 움직이는 모습이 포착되면 택시를 타고 그 뒤를 따라가는 식이었다. 김 기자는 그때부터 눈치코치가 보통이 아니었다. 그때 같이 일한 모든 후배가 다 성실했고 저마다 두각을 나타냈지만, 그는 특히나 어딜 보내도 사람의 마음을 사는 재주가 탁월했다.

손용석 선배는 그날 아침 현장에 김 기자를 보낸 이유가 '특별히 없었다'라고 했다. 하지만 김 기자가 '마침' 특별취재팀에 속해 있었고, '마침' 해당 건물에 가게 된 건 우연이 아니라고 생각한다. 그가 일찍부터 쌓아온 회사 내 평판과 신뢰가 한몫하지 않았을까?

김필준 기자가 그날 현장에 가지 않았더라면, 해당 건물 관리인의 마음을 사지 않았더라면, 인근 서비스센터들을 뒤져 마침내 충전한 뒤에라도 L 자 패턴이 아닌 ㄱ이나 ㄷ으로 여러 번 시도했다가 영영 잠기기라도 했더라면, 우리는 취재를 중도에 포기해야 했을 수 있다.

그의 '운'과 '실력'에 늘 감사하고 있다.

대통령 연설문 수정

2016년 10월 18일 늦은 오후 처음 열어본 태블릿PC 안에서는 중년 여성의 셀카 사진과 가족들 사진, 박근혜 전 대통령의 2013년 저도 휴가 당시의 비공개 사진 등이 발견됐다. 우리는 중년 여성의 사진을 보고 깊은 고민에 빠졌다. 당시 최순실의 모습은 언론에 제대로 공개된 적이 없었다. 최 씨인지 아닌지 확신하기 어려웠다.

그래서 JTBC는 태블릿PC 최초 보도 시점인 2016년 10월 24일에는 이 사진들을 공개하지 않았다가, 최 씨가 귀국하고 얼굴을 확인한 10월 31일에야 그의 사진을 공개했다. 최 씨가 10월 26일 세계일보 인터뷰를 통해 연설문 수정 관여에는 일부 인정하면서도 이렇게 주장했기 때문이다.

"태블릿을 가지고 있지도 않고, 그것을 쓸 줄도 모른다."

태블릿PC의 전면 카메라 화소 수는 200만 화소, 후면 카메라는 300만 화소였다. 그리고 중년 여성의 셀카 사진 파일 화소가 바로 200만 화소였다. 즉 해당 태블릿PC로 셀카를 찍었을 확률이 높은 정황이었다.

사실 최 씨의 사진은 부차적인 문제였다. 우리를 깜짝 놀라게 한 건 대통령 연설문, 국무회의 자료 등 200개가 넘는 정부 기밀문서였다. 파일이 태블릿PC에 저장된 시점을 보면 대부분 대통령이 실제 연설을 하거나 청와대가 공식 발표하기 이전이었다.

단적인 예로 2014년 3월 28일 오후 6시 40분, 박 전 대통령이 독일 드레스덴 공과대학에서 발표했던 '드레스덴 선언문'의 경우는 이렇다. 한글 파일 메타데이터를 분석해보니 최종 수정 시간은 3월 27일 오후 6시 33분. 이렇게 수정된 문서가 태블릿PC에 저장된 시각은 3월 27일 오후 7시 20분이었다. 일부 문장들만 붉은색으로 표시돼 있었고, 최종 연설문과 다른 대목들이 있었다.

2016년 10월 5일, 고영태는 나와의 저녁 자리에서 "연설문을 하도 많이 고쳐서 태블릿PC 화면이 빨갛게 보일 정도"라는 표현을 쓴 적이 있다. 당시에는 무슨 말인지 아리송했지만, 이 파일을 보고서야 이해가 됐다.

그래서 10월 19일에 〈[단독] 최측근의 증언 "최순실, 대통령 연설문 고치기도")라는 기사를 쓸 수 있었다. 태블릿PC를 확인하지 않았다면, 고 씨에게 들은 내용만으로는 쓰지 못했을 내용이었다.

이런 사정까지는 알지 못하고 보도만 접한 당시 청와대는 보도 이튿날 기자들의 질문에 황당하다는 반응을 보였다. 이원종 당시 대통령비서실 비서실장도 10월 21일 국회 운영위원회 국정감사에 출석해 강한 어조로 부인했다.

"정상적인 사람이라면 믿을 사람이 있겠습니까? 처음에 저도 기사 봤을 때 실소를 감추지 못했습니다. (중략) 봉건시대에도 있을 수 없는 얘기가, 어떻게 그런 것이 밖으로 활자화되는지 정말 개탄스럽습니다."

불과 사흘 뒤 JTBC의 태블릿PC 보도로 이 전 실장의 발언은 '지금이 봉건시대보다 못하다'라는 농담 소재가 되어버렸다.

"수미야, 네가 가자."

독일 출장 지시를 받은 건 2016년 10월 19일 오후 2시였다. 그러니까 최순실의 대통령 연설문 수정 의혹 기사를 한창 준비하고 있을 때였다.

출장의 목표는 두 가지였다. 독일 슈미텐에 주소지를 둔 비덱스포츠와 더블루K를 직접 찾아가 보는 것. 그리고 독일로 출국한 뒤 행방이 묘연한 최 씨 모녀를 찾아 인터뷰를 해보는 것.

당장 비행기와 숙소를 예매하고, 현지에서 통역 등을 해줄 코디네이터를 구하는 게 급선무였다. 알선해줄 만한 여러 곳에 메일을 보냈다. 현지 교민 사이트를 뒤지고, 전화를 돌리고, 각각의 피드백을 받아 추가 요청을 했다. 출장 준비는 해도 해도 끝나지 않았다.

그래서 기사 작성이 평소보다 많이 늦어졌다. 직접 써야 하는 기사만 세 꼭지였는데, 출연 중간에 들어가는 후배 기사도 검수해야 했다. 민감한 내용이니 팀장과 부장도 데스킹*을 꼼꼼히 보았다.

결국 〈뉴스룸〉이 시작되기 20여 분 전에서야 완성된 출연 원고를 받아 들었다. 늦게나마 부지런히 예독**을 하고 스튜디오에 들어갔지만, 어쩔 수 없이 말이 여러 번 씹히고 꼬였다. 한 번 머릿속이 하얘지니까 뒤로 갈수록 심해졌다. 손석희 앵커가 나의 출연 기사 마무리 멘트로 이렇게 정리를 해줬을 정도였다.

"아마 심수미 기자가 이분들을 만나면서 약속한 부분도 있을 거고, 어디까지 얘기를 해야 하는지 약간 헷갈리는 부분도 있는 것 같은데, 그건 취재원 보호 차원에서 가능한 일이라고 생각합니다. 좀 더 정리해서 얘기 나누도록 하죠."

'태블릿PC 조작설'을 주장하는 세력들은 꽤 오랜 기간 이날의 보도를 꼬투리 잡았다. '심수미가 거짓말을 하느라 버벅거렸다'라는 식으로. 순전히 물리적인 시간 부족으로 벌어진 사고였을 뿐이다. 이후로 내게는 '버벅거림'에 대한 트라우마

---

* 일선 기자가 쓴 기사를 부장 등 편집 권한이 있는 사람(데스크)이 최종 점검·수정하는 과정.
** 완성된 기사를 방송 전에 미리 소리 내어 읽어보는 것.

가 생겼다.

2019년에 개봉한 봉준호 감독의 영화 〈기생충〉에 카메오로 운 좋게 출연할 때도, 감독님께 신신당부했던 게 바로 그런 점이었다.

당시 함께 카메오로 출연한 서복현 기자와 나에게는 각각 서너 줄 정도의 대사가 주어졌다. 봉 감독이 대본의 표현이나 흐름 중 어색한 점이 있다면 편하게 고쳐도 된다고 해서, 내 입에 붙게 열심히 수정해 연습했다.

예컨대 이런 것들이다. 원문은 '박 대표를 살해한 김 씨는'으로 돼 있었는데, '박 대표를 살해한 혐의를 받고 있는 김 씨는'으로 바꿔서 말했다. 통상 수사 단계에서는 혐의가 완전히 입증된 게 아니므로 단정적으로 표현하지 않기 때문이다.

함께 출연한 서복현 기자는 평소에도 어떤 돌발 상황이 벌어져도 당황하거나 긴장하는 법이 없는 것으로 유명했다. 역시나 숏 들어간 지 10분도 채 안 걸려서 매끄럽게 오케이 컷이 났다.

그런데 내 차례가 되자, 몇 차례 숏이 돈 후, 봉 감독이 앵커 자리에 직접 앉았다. 그는 주어진 대본이 아닌 다른 질문을 하면서 애드리브 답변을 유도했다. 엄격한 보안 조치 때문에 시놉시스도, 줄거리도, 전혀 알지 못하는 상태였다.

평소 김 씨와 살해된 박 대표는 원한 관계가 없다.

경찰은 CCTV를 토대로 도주 경로를 찾고 있지만, 난항을 겪고 있다.

나에게 주어진 정보는 딱 이 정도뿐이었다. 상상의 나래를 펼쳐서 답을 해야 했다. 등줄기에 땀이 흘렀다.

차후에 대화를 나누며 알게 된 건데, 봉준호 감독은 내가 〈뉴스룸〉에서 말을 씹는 모습을 인상 깊게 보았던 것 같다.

"저 사람이 말하는 건 '진짜'다, 그런 생각이 들었어요."

하지만 다시 없을, 거장 감독의 영화에 출연하는 기회였다. 나는 그 영화 속에 아마추어 같은 모습으로 남고 싶지 않았다.

"제발 매끄럽게 말한 컷으로 써주세요."

한국에서도 '맨땅에 헤딩' 식의 취재를 적잖게 해왔지만, 2016년 10월 20일 독일행 비행기를 탈 때의 마음은 정말 무거웠다. 넓은 독일 땅 어디에 숨어 있을 줄 알고 최순실 모녀를 찾는다는 말인가? 쥐고 있는 건 비덱스포츠와 더블루K의 공시 자료, 해외 주식 사이트의 평가 자료 몇 장이 전부였다. 그들의 흔적만이라도 어렴풋이 담아올 수 있다면 다행이라고, 스스로를 도닥이며 프랑크푸르트에 도착했다.

비덱스포츠의 주소가 있는 슈미텐은 프랑크푸르트에서 북쪽으로 올라가면 나오는 조용한 시골 마을이었다. 건물의 문은 이미 굳게 닫혀 있었다. 어차피 유럽에 특파원이 있는 회사들은 한 번씩 훑고 지나간 뒤이기도 했다. 비덱스포츠 건물 주변의 집들을 돌아다니면서 해당 주소의 거주자를 본 적

있는지, 그들이 아시아인은 아니었는지 등을 물었다.

워낙 작은 시골 마을이니만큼 동아시아 여성들과 검은 차를 탄 건장한 남성들이 드나드는 풍경은 이질적일 수밖에 없었다. 다행히도 최 씨 모녀를 기억하는 이웃을 만나는 일은 어렵지 않았다. 그렇게 그들이 살던 집 주소를 알아냈다.

현장에 갔더니 이미 다른 방송사의 카메라가 외경을 찍고 있었다.

"아무도 없는 것 같아요. 조용해요."

먼저 도착해 촬영하고 있던 타사 기자가 내게 팁을 안겨주고 이내 떠났다. 현장에는 같은 계열사인 중앙일보 선배 두 분과 우리 팀만 남았다. 다시 한번 현관문을 두드리고 까치발로 창문 너머 집 내부를 유심히 들여다보다가 한 가지 사실을 발견했다.

급하게 떠났는지 열린 창고에 아무거나 욱여넣은 것으로 보이는 꽤 큰 쓰레기봉투 서너 개가 쌓여 있었다. 각자 하나씩 맡아서 열심히 뜯어보고 스캔했다. 똥 기저귀 같은 생활 쓰레기가 98%를 차지한 가운데, 그나마 미미한 최 씨 모녀의 흔적들을 건질 수 있었다. 가령 최 씨의 딸인 정유라의 이름이 담긴 훈련 일지나 아기 약 봉투 같은 것.

중앙일보 선배 두 분과 나는 이날 같은 숙소를 잡고, 그동안 수집해온 몇 안 되는 정보를 공유하면서 나름의 유대를 쌓았다. 그래서 '최순실 태블릿PC'가 한국에서 보도되었던 10월 24일, 나는 매우 곤란했다.

"이거 뭐야? 너 혹시 우리 모르게 뭔가 찾아냈던 거야?"

"아뇨, 선배. 아닙니다. 하지만 자세한 말씀은 드리기 어려워요……."

선배의 질문에도 말끝을 흐릴 수밖에 없었다. 태블릿PC 취재 과정이나 구체적인 내용에 대해서는 JTBC 내부인에게라도 함구하라는 지시를 받은 뒤였기 때문이다.

실제로도 나는 김필준 기자가 태블릿PC를 처음 찾아낸 10월 18일과 그다음 날에 대한 기억뿐이다. 19일에 대통령 연설문 수정에 관한 보도를 마친 뒤 독일 출장 지시를 받았고, 20일에는 비행기를 탔다. 태블릿PC를 다시 찾아서 포렌식을 맡기고 검찰에 제출한 과정은 내가 한국에 없을 때 벌어진 일이었다. 보안을 철저히 하기 위해 나조차 뺀 텔레그램 방을 만들었다고 해서, 무지하게 서운했다.

부끄러운 일이지만 2016년 10월 24일, 태블릿PC 보도가 나간 밤, 나는 선배들에게 서운한 기색을 내비쳤다.

"이럴 줄 알았으면 전 독일에 오지 말걸 그랬어요."

철없는 소리였지만 당시의 솔직한 심정은 그랬다. 이미 독일이 아닌 다른 유럽 국가로 빠져나갔을 최 씨 모녀의 흔적은 더는 찾기 어려웠다. 더블루K나 비덱스포츠에서 자금이 이동했을 것으로 의심되는 페이퍼컴퍼니들을 찾아 베를린까지 갔지만 아무런 소득도 없었다. 선배들에게 '어디서 한가한 소리를 하고 있느냐' '독일 취재가 얼마나 중요한지 몰라서 그러냐'며 눈물 쏙 빠지게 혼이 나고 훌쩍거리면서 잠이 들었다. 그러나 혼을 내긴 했어도 다정한 선배들은 나를 배려해주었다. 다음 날인 10월 25일의 〈뉴스룸〉 톱리포트를 독일에 있는 내가 읽게 해줬던 것이다.

그런데 상황이 이상하게 굴러갔다.

"심 기자, 태블릿PC 독일에서 주운 거죠?"

한국에서도 독일에서도 이 질문을 하는 사람들이 늘어났다.

"답변드릴 수 없습니다. 자세한 사정은 나중에 귀국해서 말씀드릴게요."

앞서 말했듯이 '태블릿PC 취재 과정이나 구체적인 내용에 대해서는 JTBC 내부인에게라도 함구하라'는 지시가 떨어진 상황이었다. 당연히 다른 말을 하기도 어려웠다.

내 딴에는 '아니다'라는 뉘앙스를 열심히 풍겼는데, 명확한 답을 원하는 사람들의 귀에는 듣고 싶은 대로 들렸던 것 같다. 그래서 사달이 난 게 서울중앙지방검찰청(서울중앙지검) 차장검사의 발언이었다. 당시 서울중앙지검에는 특별수사본부(특수본)가 꾸려져 있었다. 특수본의 공보를 맡았던 차장검사가 기자들과의 티타임*에서 JTBC가 제출한 태블릿PC를 분석하고 있다'라며 이를 언급했다.

"최 씨가 독일 거주지 쓰레기통에 버리고 간 것을 기자가 주워 한국에 보낸 것으로 파악하고 있습니다."

늘 "확인해드릴 수 없습니다."를 입에 달고 사는 차장검사가 왜 그렇게 과감하게, 불확실한 내용을 공개적으로 언급했는지는 여전히 의문이다. 한국에서 최 씨의 태블릿PC를 발견했다고 하면 '그동안 검찰은 압수수색 하나 안 하고 뭐 했느냐'라는 늑장 수사 비판을 받을 수 있다는 우려 때문일까.

2016년 10월 24일, JTBC의 보도 전까지 미르·K스포츠 재단 관련한 수사는 서울중앙지검 형사8부에서 하고 있었다. TV 조선과 한겨레 등에서 제기된 의혹을 소상하게 밝혀달라며 시민단체가 9월 말 고발장을 제출한 데 따른 것이었다.

검찰에서 주로 대형사건이나 중요 인물 사건은 특수부가 맡고, 형사부는 상대적으로 단순한 사건을 맡는다. 안종범 청와대 정책조정수석 등이 특정경제범죄가중처벌법상 뇌물 등 혐의로 수사 대상에 오른 것치고 형사8부는 작은 규모의 수사팀이었다. 법조계나 정치권에서는 이 배당을 두고 검찰의 수사 의지가 적극적으로 보이지 않는다는 평가를 했다.

그러다 JTBC의 태블릿PC 보도 이후 상황이 급반전되었다. 보도 바로 다음 날인 10월 25일, 박근혜 전 대통령이 처음으로 대국민 사과문을 발표한 것이다.

26일에는 검찰이 미르·K스포츠 재단과 최순실 자택 등을 압수수색하고 처음으로 강제수사에 나서며 여야가 특검 출범에 합의했다. 27일에는 김수남 검찰총장 지시로 이영렬 서울중앙지검장을 본부장으로 하는 특별수사본부가 출범했다.

이 특수본이 29일, 압수수색에서 정호성 당시 대통령비서실 제1부속비서관의 휴대전화를 확보하면서 수사는 또 한 번 급물살을 탄다. 대통령과 최 씨가 함께 연설문 내용 등을 상의하며 나눈 대화가 고스란히 녹음돼 있던 것이다.

정 씨는 대통령의 지시 사항을 꼼꼼하게 재확인하느라 녹음하는 습관이 있었다고 한다. 압수수색 중 한참 전에 버린 줄 알았던 2G 피처폰과 스마트폰이 이삿짐 꾸러미 속에서 발견됐을 때, 아내를 붙잡고 눈물을 쏟았다는 이야기를 건너 들었다.

국정농단 수사의 또 다른 중요한 증거는 안종범 수석의 수첩이었다. 안 씨 역시 대통령의 지시 사항을 놓치지 않도록 꼼꼼하게 기록하는 습관이 있었다. 수사 과정에서 이 수첩은 대통령이 미르·K스포츠 재단의 모금 과정을 비롯한 여러 사안에 부당하게 영향력을 행사했다는 정황을 뒷받침하는 증거로 강력한 힘을 발휘했다.

통상 기자들은 크고 작은 비리 사건을 취재할 때, 사건 관련자들의 태도에 화가 나게 마련이다. 부정한 목적을 알고 있으면서 적극적으로 기여하고, 또 은폐하려는 노력이 엿보이기 때문이다. 하지만 국정농단 수사와 재판 과정 내내 열심히 들여다보고 보도해야 했던 정호성 녹취와 안종범 수첩 관련 자료에서는, 그저 성실한 '예스맨'의 생활밖에 보이지 않았다. 답답했다.

"왜 이런 지시를 하십니까?"

"문제가 될 소지가 있습니다."

이들이 적극적으로 의견을 냈더라면, 헌정사상 처음으로 현직 대통령이 압수수색을 받고 탄핵되어 구속기소되는 일은 면했을지도 모른다. 물론 그랬다가는 금방 잘리고, 다른 사람이 그 역할을 대신했을 가능성이 더 컸겠지만.

박근혜 전 대통령은 2017년 4월 17일에 구속기소됐다. 18개 혐의를 큰 범주로 나누자면 직권남용, 뇌물, 공무상비밀누설이다. 최순실이 대기업들로부터 미르·K스포츠 재단 출연금 774억 원을 강제로 받았으며, 삼성 경영권 승계를 도와달라는 이재용 당시 삼성전자 부회장의 청탁을 받고 최 씨의 딸 정유라 말 구입비 등에 수십억 원을 쓰게 했다는 등의 내용이다. 사법부는 뇌물·직권남용 혐의 등을 유죄로 인정했고, 2021년 1월 14일에 대법원은 징역 20년, 벌금 180억 원으로 최종 확정했다.

2016년 늦은 가을 JTBC는 물론이고, 다수의 언론과 정치권, 법조계에서도 이런 처벌로 이어질 거라고 단정하는 사람은 많지 않았다. 핵심은 JTBC의 보도로 명확한 증거가 제시

된 공무상비밀누설죄보다 직권남용, 특히 뇌물이었다. 그리고 이 두 죄목의 중심에는 최순실이 있었다.

박 전 대통령 말대로 정말 '몰랐다'고 한다면 무능하다는 정치적·도의적 책임은 따를지언정 형사처벌은 어렵지 않겠느냐는 관측이 우세했다.

"뇌물수수죄는 공무원을 처벌하기 위한 죄인데 정작 공무원인 박 전 대통령 개인이 얻은 이익은 없지 않습니까."

최 씨 측에서도 뇌물수수죄가 성립하지 않는다고 주장했다. 하지만 결과적으로 재판부는 두 사람을 '공동정범' 관계로 봤다. 쉽게 말해 공무원과 공무원이 아닌 사람이 한 몸처럼 움직였다는 것이다. 대법원은 다음처럼 판단했다.

"공무원이 뇌물공여자로 하여금 공동정범 관계에 있는 비공무원에게 뇌물을 공여하게 한 경우에는 공무원 자신에게 뇌물을 공여하게 한 것으로 볼 수 있다."

언론에서 '공동정범' 대신 쉬운 말로 풀어 쓴 용어로는 '경제공동체'가 있다. 국정농단 사건과 관련해 박 전 대통령과 최 씨가 '경제공동체'로 묶일 수 있다는 표현을 가장 처음 사용한 언론이 바로 JTBC다. 2016년 12월 13일, 나의 출연 기사 〈특검, 최순실 일가의 '박 대통령 재산 관리' 정조준〉이었다. 원래는 원고에 적지는 않고 발제 메모에만 넣었던 표현이다.

당시 특검은 최태민(최서원의 아버지) 일가의 재산 형성 과정까지 조사하고 있었다. 특수수사에 잔뼈가 굵은 한 법조계 인사에게 그 이유를 물어보자 이렇게 말했다.

"쉽게 말해 최 씨가 박 전 대통령 재산을 관리해준 '경제 공동체'라면, 그러니까 '한 지갑'을 사용한 거라면, 최 씨의 이익이 곧 박 전 대통령의 이익이 되니까 뇌물죄로 넣을 수 있을지도 모릅니다."

귀에 확 꽂혔다. 하지만 현재 수사를 하는 특검 관계자에게 들은 표현이 아니라서, 이 단어를 기사에 쓰는 건 곤란하다고 판단했다. 이어 특검팀에도 여러 경로로 문의했다.

"혹시 두 사람을 '경제공동체'로 의심하고 수사하고 있습니까?"

그에 대한 답변은 일절 들을 수 없었다. 그래서 메모에만 넣었던 것이다.

손석희 선배는 본인이 회의에서 들었던 그 표현을 꼭 쓰고 싶었던 것 같다. 내가 원고에 안 넣었더니, 본인 질문 앞부분에 부러 끼워넣었다.

"일부에서는 '경제공동체'라는 표현까지 나오기도 했습니다."

이후부터 여러 언론에서 '경제공동체' '경제적 공동체'라는 단어를 사용하기 시작했다. 사안을 대중이 이해하기 쉽게, 명징한 표현을 찾아 사용하는 것도 언론의 역할이 아닌가 생각하게 된 계기였다.

2017년 4월 3일에 있던 재판에서 최 씨 측은 '경제공동체'라는 용어에 대해 항의했다. 이에 검사는 답했다.

"뇌물수수의 공동정범을 입증하기 위해 '경제공동체'가 꼭 필요한 개념이 아니다. 최순실이 대통령에게 승마 지원, 동계영재센터 지원 등을 요청하면 대통령이 이재용에게 그대로 요구한다. 그리고 이재용이 최순실에게 금품을 제공한다. 그렇다면 대통령이 왜 최순실의 요청대로 이재용에게 뇌물을 요구하는가. 여기에서 최순실과 대통령의 관계가 상당히 중요한 간접사실이 된다. 이에 대한 조사가 필요하고 그중 하나가 옷값 대납이다."

JTBC가 태블릿PC 보도한 다음 날 오후 4시, 박근혜 전 대통령은 곧바로 보도 내용을 일부 인정하고 사과했다.

"최순실 씨는 과거 제가 어려움을 겪을 때 도와준 인연으로 지난 대선 때 주로 연설이나 홍보 등의 분야에서 저의 선거운동이 국민들에게 어떻게 전달됐는지에 대해 개인적인 의견이나 소감을 전해주는 역할을 했습니다. 일부 연설문이나 홍보물도 같은 맥락에서 표현 등에서 도움받은 적이 있습니다."

정치인으로서 민심 청취 차원이었을 뿐, 대통령 취임 이후에는 그만두었다는 설명이었다. 박 전 대통령은 이쯤 하면 국민의 실망감이 누그러질 것이라 기대했던 듯하다. 독일 도피 중이던 최순실을 국내로 불러들인 것도 박 전 대통령이다.

차후 재판 과정에서 드러난 바에 의하면 최 씨의 언니 최순득과의 통화에서 이렇게 말했다고 한다.

"본인이 일단 한국에 들어와야 문제가 해결되지 않겠습니까. 일단 들어와야 합니다."

문제는 최 씨의 관여 정도가 박 전 대통령 말대로 '취임 이전'에 국한되지도, '연설문 표현 수정' 정도에 그치지도 않았다는 데 있었다. 최 씨 귀국 이후 수사는 급물살을 탔다. 선출되지 않은 민간인이 대기업을 움직여 수백억 원대 재단을 만들어낼 정도의 권력 행사를 했다는 사실에 국민들은 분노했다.

2016년 10월 29일 1차 촛불집회 당시, 주최 측 추산 3만 명이었던 참가자는 2차(11월 5일)에는 30만 명, 3차(11월 12일)에는 100만 명으로 폭발적으로 증가했다. 주말마다 '박근혜 퇴진'을 외치는 함성이 거리를 메웠다.

"여야 정치권이 논의하여 국정의 혼란과 공백을 최소화하고 안정되게 정권을 이양할 수 있는 방안을 만들어주시면 그 일정과 법 절차에 따라 대통령직에서 물러나겠습니다."

11월 29일, 박근혜 전 대통령은 3차 대국민 담화에서 '임기 단축'을 처음으로 꺼냈다. 국회에서는 야당 주도로 탄핵 소추안 발의가 논의되던 시점이었다. 사실상 백기 투항이었다.

국정농단 모든 수사가 거의 다 마무리된 이후 한 검찰 관계자는 이렇게 말한 적이 있다.

"절대 쉽지 않은 수사였어요. 많은 우연 가운데 하나라도 삐끗했다면 사실 혐의를 입증하기가 쉽지 않았을 거예요."

'대통령에 대한 수사'가 어떻게 진행되는지를 누구보다 꿰고 있을 인물이 바로 윤석열 전 대통령이다. 그는 2016년 박영수 특검의 수사팀장이었다. 그래서일까.

"헌법 수호 책무의 이행이었다."

2024년 12월 3일, 불법 비상계엄을 선포한 이후 1심 재판이 다 끝나도록 제대로 된 사과를 하거나 책임을 인정하기는커녕 궤변과 합리화로 일관하며 한 말이다.

"국민께 사과할 생각 없으십니까?"

법정 출석 때마다 묻는 기자들에게 침묵하던 그는 소환 조사 관련 질문에는 엉뚱한 소리를 늘어놓기도 했다.

"나 저 사람들(지지자들) 좀 보게 이 앞을 가로막지는 말아 주시면 안 되겠어요?"

트라우마

기자는 사관史官이다. 현재 우리 사회에서 벌어지고 있는 다양한 현상을 있는 그대로 기록하는 직업이다. 그러니 아무리 끔찍한 현장이더라도 직접 눈으로 봐야 하는 순간이 온다. 내게는 시경 캡으로 취재를 지휘해야 했던 2022년의 이태원 참사가 그랬다.

10월 29일, 핼러윈을 앞둔 금요일 밤이었다. 경찰의 마약 단속 현장을 동행취재하기 위해 후배 기자도 이태원에 가 있었다. 우리 회사만 갔던 건 아니었다. 공개 일정이라 거의 모든 방송사가 이태원으로 갔다. 이럴 경우 움직이는 규모가 크기 때문에 '급습'이 어렵고, 사실상 제대로 된 단속이 이뤄지기 힘들다. 그래서 후배에게도 편하게 말했던 기억이 난다.

"뭐 걸리는 게 있을지 모르겠다. 가벼운 마음으로 다녀와."

후배로부터 별것이 없다고, 예상보다 일찍 끝날 것 같다고, 곧 정리하고 퇴근하겠다는 보고를 받았다. 그러다 밤 10시 30분쯤이었다.

"선배, 이태원 뒷골목에서 압사 사고가 났답니다."

현장에서 보고가 올라왔다.

'압사? 무슨 경기장이나 예배당에서 좁은 입구로 많은 사람이 우르르 쏟아져 나갈 때 벌어지는 그 압사? 다 뚫려 있는 골목길에서 압사?'

이해가 안 되었다. 그래도 부국장에게 보고하고 철야자에게 연락해 이태원으로 추가 취재를 보냈다.

"○○아, 이태원에서 압사 사고가 났다는데 아직 피해 규모는 정확히 모르겠어. 이태원 가는 길에 종료돼서 그냥 회사로 돌아와야 할 수도 있겠지만 일단 출발해줘."

그렇게 무심하게 나눈 대화가 무색하게도 전화를 끊자마자 기동팀 대화방에 사진과 영상이 올라왔다. 무시무시한 모습이었다.

마치 전쟁터처럼 사람들이 길바닥 이곳저곳에 널브러져 있었고, 그들에게 심폐소생술을 하려는 사람들이 두세 명씩 붙어 있었다. 출근 가능한 기동팀원들을 체크해 일부는 이태원 현장으로, 일부는 회사로 출근시키고, 나도 서둘러 옷을 꿰어 입었다. 집을 나서기 전 서너 명 수준이라던 사망자 추

정치는 회사에 도착한 지 30분도 되지 않아 30명, 50명……. 순식간에 배로 늘었다. 세월호 참사 이후 처음 맞는 대형 참사였다.

곧바로 특보가 진행됐다. 참사 당시의 영상 확보, 목격자 인터뷰, 피해자 구조 현황 취재, 실종자 또는 희생자 신원 파악 등 업무를 분배했다. 회사로 출근한 기자들은 제보창으로 들어온 사진이나 영상을 포함해, 참사 현장을 생중계했던 유튜브나 소셜미디어의 영상을 계속 체크하며 내부망에 인제스트(저장)를 했다.

우리는 사람들이 고통스럽게 숨져가는 그 모든 순간을 지켜봐야 했다. 한 시간 넘게 살려달라고 외치던 사람들의 목소리가 잦아들고, 힘없이 몸이 축 늘어지는 그 순간들을.

화가 났다. 숨 막혀 하는 사람들을 하나둘씩이라도 위로 빼내어 구조한 건 건물 2층 발코니에 있던 일반 시민들이었다. 경기장처럼 꽉 막힌 공간도 아닌데, 정부는 왜 사람들을 빠르게 해산시키지 못했을까? 좀 더 신속하게 구조할 수 없었을까?

나중에 알게 된 사실이지만, T 자로 생긴 사고 현장 골목의 뒷부분에 있던 사람들은 골목 앞쪽에서 참사가 발생한 줄도 몰랐다고 한다. 그래서 계속, 계속, T 자 구조의 골목 앞쪽으로 인파가 밀려들었던 것이다.

초기에 출동했던 경찰과 소방 구조대가 골목 앞쪽에서 작업하면서 추가 인력 요청을 했음에도 불구하고, 주변 골목에 인파가 너무 많아서 소방차와 경찰차 할 것 없이 가까이 접근하기가 어려웠다. 그러는 사이, 조금만 참으면 이 고통이 해소될 것이라고 믿었던 159명이 속절없이 목숨을 잃었다.

"이 일을 하면서 적지 않은 시신을 봤지만 그렇게 한꺼번에 많은 주검은 그날 처음 봤습니다."

훗날, 현장에 출동했던 한 경찰 간부가 토로했다.

나 역시 그 새벽에 받았던 취재 보고는 하나같이 처음 보는, 참혹하기 그지없는 광경이었다. 경찰통제선 안쪽에, 길거리 한편에, 주인 잃은 신발과 가방이 산더미처럼 쌓여 있었다. 경찰이 희생자들을 병원으로 이송하고 현장을 정리한 잔흔이었다. 나치의 유대인 강제수용소 박물관에서나 봤던 현장이 2022년 서울 한복판에 펼쳐져 있었다.

리포트에 써야 할지도 모르니 그 현장 앞에서 스탠드업•을 잡으라고 지시하면서도, 현장 기자에게 가혹하다는 생각에 마음이 아팠다. 사랑하는 가족과 친구, 친지를 잃은 피해자 유족들의 고통에는 감히 비할 바도 못 되는 걸 안다. 그럼에도, 영상으로만 봐도 끔찍하고 가슴 아픈 현장을 빈틈없이

• 기자가 카메라 앞에 서서 현장을 설명하는 행위.

지켜봐야 했던 기자들의 트라우마도 걱정됐다. 실제로 사건 초기부터 근접 취재를 하며 현장의 소리를 담았던 영상취재 팀의 한 오디오맨은 한동안 악몽에 시달리며 고통을 호소해 왔다.

"미친 거 아냐?"

뉴스를 보면서 이 말을 그렇게 많이 외친 건 2024년 12월 3일 밤이 처음이었던 것 같다.

밤 10시 23분, TV에서 윤석열 전 대통령이 계엄을 선포했다.

계엄? 70년대 군사정부 시절의 그 계엄? 황당하기 짝이 없어서 헛웃음만 나왔다가, '처단한다'는 말을 반복하는 계엄사령부의 포고령을 보고는 공포심이 스멀스멀 올라왔다.

계엄사령부 포고령(제1호)

1. 국회와 지방의회, 정당의 활동과 정치적 결사, 집회, 시위 등 일
   체의 정치활동을 금한다.

계엄군이 국회 진입을 시도하며 유리창을 깨고 들어가는 모습을 보면서 애가 탔다. 그러나 포고령 1번이었으니 계엄군이 의원들을 잡아갈 명분은 충분해 보였다. 이대로 의원들이 줄줄이 체포돼서 의결정족수에 못 미치게 되면, 계엄령이 확정되면, 앞으로 세상은 어떻게 되는 거지?

3. 모든 언론과 출판은 계엄사의 통제를 받는다.
4. 사회혼란을 조장하는 파업, 태업, 집회 행위를 금한다.

포고령에는 언론과 출판, 각종 집회 행위에 대해서도 명시돼 있었다. 그러니까 대통령에게 반대 목소리를 내는 일체의 활동을 '반국가세력'으로 낙인찍겠다는 소리였다.

'안 그래도 윤석열 정부에 밉보였던 우리 회사는 문 닫게 되나?'

출산을 불과 보름가량 앞두고 있던 시기였다. 병원 업무 등 일상생활은 가능할까? 통행금지 같은 걸 내리는 걸까? 부모님 세대가 겪었던, 이미 역사의 뒤안길로 사라졌다고 생각했던, 그 모든 국가권력의 횡포가 코앞으로 다가온 듯했다.

윤석열. 국정원 댓글 사건으로 박근혜 정부에서 미운털이 박혀 좌천됐던 고검 검사 시절부터 알고 지내온 취재원이었다. 국정농단 보도 이후 박영수 특검팀의 수사팀장으로 발탁된 이후에는 그가 받든 받지 않든 상관없이 매일 전화를 걸었다. 당시 법조팀에서 내가 '마크맨(전담 기자)'이었기 때문이다. 그가 서울중앙지검장이 된 이후에도 마찬가지였다. 어쩌다 그와 통화가 성사되고 나면, 세부적인 내용까지는 아니더라도 중요 사안의 큰 흐름과 방향성을 가늠할 수 있었다.

그러니 박근혜 정부의 '계엄령 검토 문건' 수사와 관련해서, 해외로 도피해버린 조현천 당시 기무사령관 등의 기소 필요성을 강조하며 열변을 토했던 그의 목소리가 귓가에 생생할 수밖에 없었다.

'계엄령은 검토만 했어도 범죄'라고 펄펄 뛰었던 바로 그 사람이, 자신의 입으로 직접 계엄을 선포하고 있었다. 이게 도대체 무슨 상황일까? TV를 보면서도 어안이 벙벙했다.

내가 알던 그 사람이 아닌 걸까? 원래 저런 사람이었을까? 정치권에 발을 들이고 떠받듦을 받은 지난 3년간, 권력에 심취해서 정신이 어떻게 되었나?

국정농단 수사가 한창 이뤄지던 시절에는 '직권남용권리행사방해' 일명 '직권남용죄'의 정의에 대해 일장연설을 늘어놓았던 그였다. 이전에는 이 죄목으로 기소조차 잘 이뤄지지 않았다. 전례 없이 대통령부터 청와대 행정관, 정부 부처 공무원들을 줄줄이 직권남용죄로 기소하느라 당시 윤 검사는 보수언론 등으로부터 엄청나게 욕을 먹었다. 그 때문에 틈만

나면 수사의 정당성에 대해 설파했다.

직권남용죄는 공무원으로서 '권한이 있는 자'가 타인에게 '의무 없는 일'을 시키거나 '정당한 권리행사를 못 하게 막는 범죄'를 뜻한다. 계엄이 대통령 고유 권한이라고 하더라도, 국회에서 의결이 되기도 전에 그 의결 활동을 막기 위해 군을 투입했다면, 군 통수권자인 대통령은 당연히 직권남용의 피의자가 될 것이 뻔했다. 그걸 몰랐을 리 없는데 실행했다는 건 무슨 자신감의 발동인가? 무력으로 다른 모든 시스템을 제압할 수 있다는 확신 같은 게 있었던 걸까?

계엄 선포 다음 날, 과거 검사 윤석열과 함께 일했던 몇몇 인사들에게 의견을 물었다. 이제는 고위직이 된 그들은 한결같이 쓴입만 다시며 말을 아꼈다.

윤석열 전 대통령이 검찰총장이 된 지 얼마 되지 않았을 때의 일이다. 회사 선배들과 함께 만찬이 잡혔다. 당시 대검 반부패강력부장이었던 한동훈 검사장이 배석했다. 윤 총장은 '건강상의 문제로 술을 못 하고 있다'며 양해를 구했다.

익히 알려진 대로 평소 술을 즐겼기에 모두가 걱정의 인사를 건넸다. 그래도 건배라도 하자며 맥주를 시켜 잔에 채웠다.

"반 잔 정도는, 뭐."

견물생심이었던지 윤 총장이 슬쩍 입맛을 다셨다. 한동훈은 빠르고 단호하게 말렸다.

"안 됩니다."

허리 어디가 안 좋아서 무슨 치료를 받았다던가? 윤 총장이 얼른 음주 의사를 거둬들이면서 부연 설명을 했다. 그런데도 끝내 못 미더웠는지 한동훈은 '내일 아침 일찍 일정이 있고' 등등, 한 모금이라도 마셔서는 안 되는 이유를 읊었다.

윤 총장이 술을 한잔 걸치면서 인사청문회 뒷이야기를 허심탄회하게 이야기해주길 내심 바랐던 나로서는 아쉬운 순간이었다. 그래서 그 장면이 또렷하게 기억에 남았다.

'건강상 이유보다는 정무적으로, 혹시 술에 취해 실수하지 않도록 스스로도 주변에서도 단속을 좀 하나 보다.'

혼자 넘겨짚었다. 문재인 정부에서 여야의 반대와 각종 우려 속에 이례적으로 초고속 승진을 한 검찰총장이었으니 그럴 만도 했다.

그로부터 불과 3년여 만에 검찰총장은 대통령이 되었다. 2023년, 나는 대통령실 출입기자가 되어 행정관과 다른 기자들과 술을 마시다가 이때의 일화를 이야기했다. 행정관의 눈이 휘둥그레졌다.

"말린다고 진짜 안 했어요?"

"네, 잔에 입도 안 댔죠."

"……한동훈이 그 정도인가?"

믿을 수 없다는 식으로 계속 고개를 갸웃거리는 그에게 물었다.

"지금은 아무도 못 말리는 분위기인가 보죠?"

행정관은 대답 대신 한숨처럼 웃으며 고개를 절레절레 가로저었다.

"어휴……."

그의 표정과 몸짓을 보니 대통령실 내부 분위기가 뻔히 그려졌다. 또 다른 관계자에게 전해 듣기로는 소위 '윤핵관'으로 불리는 누구누구도 사실은 대통령 앞에서 제대로 말을 못하는 분위기라고 했다. 그렇게 화를 자주 낸다는 것이다.

취임하기 전부터, 당선 직후부터, 끊임없이 잡음이 터져 나왔던 배경을 추측할 수 있는 대목이었다. 옆에서 제대로 된 조언을 할 수 있는 사람이 아무도 없는 권력이라니. 썩지 않는 게 더 이상하다.

2장
언론사라는 일터

2023년 6월의 어느 토요일 아침, 눈을 뜨는데 귀가 아팠다. 숙취로 인한 두통과 복통이 뒤섞여 있었지만, 평소와 달리 귀의 통증이 유난히 날카로웠다. '귀 통증'으로 포털 검색을 해봤는데 '급성 중이염' 등의 병명과 함께 '편두통이 확장되면 그럴 수 있다'는 내용이 나열돼 있었다. '주말 내내 아프면 월요일에 병원을 가봐야지' '진통제 먹고 자고 일어나면 나아지겠지' 하고 대수롭지 않게 생각했다.

약 1년간 시경 캡으로 일한 후, 용산 대통령실로 반장 발령을 받은 지 2주가량 지난 시점이었다. 떠나는 출입처 사람들과 새로운 출입처 사람들을 만나느라 몇 주째 점심 저녁으로 무리를 하기는 했다. 그러니 주말 이틀 동안 푹 쉬면 나을 거라고 막연히 생각했다.

그런데 일요일이 되어도 두통과 귓속 통증은 가시지 않았고 심지어 혀에서 얼얼한 느낌까지 났다. 코로나19인가 싶어 자가진단키트로 검사도 해봤는데 한 줄, 음성이었다.

곧 괜찮아지겠거니 싶어 피트니스센터에 가서 웨이트트레이닝을 했다. 집에 돌아와서 물을 들이켜는데, 입가에서 물이 주르륵 흘렀다.

뭐지? 거울을 봤더니 오른쪽 입가가 오므려지질 않았다. 당황할 때 늘 그렇듯 헛웃음부터 났는데, 오른쪽 눈이 반달로 작아지지 않았다. 거울 속의 내가 나를 부릅뜬 눈으로 바라보고 있었다. 말로만 들었던 안면마비였다.

시간을 되돌릴 수 있다면, 귀에서 통증이 처음 발생했던 토요일 오전에 곧바로 이비인후과를 찾아갈 것이다. 안면마비 전조 증상을 진단받고 스테로이드제를 일찍부터 먹는다면 제일 좋겠지만, 그게 아니더라도 영양수액을 맞고 진통제를 처방받아서 주말 내내 잠만 자며 쉴 것이다. 그랬다면 안면마비가 오더라도 좀 약하게 오지 않았을까?

안면마비는 발병 72시간 내에 적극적으로 대응하는 것이 가장 중요하다. 발병 초에 스테로이드제를 다량 투여해 염증을 빠르게 가라앉혀야만 신경 손상을 최소화할 수 있다. 그래야 예후가 좋다.

나는 안면마비를 자각한 일요일 오후에 대학병원 응급실

을 찾아갔고, 오랜 대기 끝에 CT 촬영 등의 검사를 받았다. 그리고 꼬박 12시간 뒤인 월요일 아침 스테로이드제를 먹었다. 증상 발현 72시간 이내에 먹긴 했으니 이른바 '골든 타임'을 놓친 건 분명히 아니었다.

하지만 근전도검사 결과, 손상도가 97%를 넘을 정도로 마비가 심각하게 온 상태였다. 결과를 보며 발병 전후의 과정을 계속해서 곱씹고 자책했다. '내가 뭘 잘못했지?'라고만 되풀이했다.

안면마비는 통상 대상포진 바이러스 감염으로 인한 '람세이헌트 증후군'과 원인 불명의 '벨마비'로 나뉜다. 나는 후자였다. 벨마비의 원인은 명확히 알려진 게 없다. 사람마다, 경우마다 다르다. 대체로 과로나 불면, 스트레스를 많이 받거나 면역력이 떨어졌을 때 발병한다고만 알려져 있다. 그래서 '왜 그렇게 스트레스를 많이 받았지?' 하는 자책도 이어졌다. 그냥 뜻대로 안 풀리면, 안 풀리는 대로 내버려둘걸. 애면글면 속 끓이며 살아왔던 시간을 후회했다. 이미 너무 늦은 뒤였다.

'구안와사' '벨마비' '안면마비 회복 기간' 등으로 수없이 검색해봤다. 대부분 '침 맞고 2~3개월 뒤에 나았다'라는 후기뿐이었다. 실제로 벨마비의 약 70%의 환자들은 두세 달 안에 저절로 낫는다고 한다.

불행히도 나는 그 70% 안에 들지 못했다. 발병 2주 차 무렵 근전도검사를 받았는데 평균 90% 이상의 손상도가 나왔다. 눈과 입가는 98%에 육박했다. 이 정도면 회복하는 데 6개월이 걸릴지 1년이 걸릴지 알 수 없고, 후유증이 남을 가능성도 높다고 했다. 유명한 병원을 부지런히 예약해봤다. 그러나 하염없이 몇 달씩 기다리고만 있을 수도 없어서 소형 병원들도 이곳저곳 열심히 돌아다녔다. 혹시 내가 몰라서 적절한 치료 타이밍을 허비하고 증상을 악화시키는 건 아닐지 두려웠다. 영원히 굳은 얼굴로, 웃지 못하는 얼굴로, 어색하고 부자연스러운 얼굴로 살게 되는 건가 싶었다. 앞으로 일은 어떻게 하지? 이제 방송기자는 영영 못 하는 거 아닌가?

마음이 힘들어서 아침저녁으로 걸었다. 어깨와 목에 힘이 들어가면 안 되기 때문에 기껏 할 수 있는 운동이라곤 걷기밖에 없었다. 걸으면서 유튜브에서 부처님 말씀을 찾아 들었다.

왜 그런 일이 나에게 일어났는지 고민할 필요도 없다.

고통이 너를 붙잡고 있는 것이 아니다. 네가 그 고통을 붙잡고 있는 것이다.

인생이란 폭풍우가 지나가기를 기다리는 것이 아니라 그 폭풍우 속에서 춤을 추는 것이다.

언제나 너는 네가 있어야 할 곳에서 너와 함께할 운명인 사람들과 네가 해야 될 일을 하며 살게 될 것이다.

'부처는 정말 말을 잘하는 사람이었구나'라고 속으로 감탄했다. 동시에 한자어가 많은 번역 투가 거슬렸다. 문장을 이렇게 저렇게 더 쉬운 말로 고쳐보면서, 속으로 어쩔 수 없는 직업병이라고 생각했다.

일하고 싶었다. 두 번이나 입원하며 꾸준히 치료받았지만 얼굴의 변화는 아주 더뎠다. 그래서 더 답답하고 불안했다.

차라리 사람들을 만나고 내가 바빠지면, 일에 몰두해버리면, 그래야 스트레스를 덜 받지 않을까 생각했다. 담당 교수님은 고개를 가로저었다. 연말까지는 무조건 쉬어야 한다면서, 후유증이 남으면 평생 안고 살아야 하므로 그전에 모두 회복할 수 있게 치료에만 집중해야 한다고 진단했다. 안면마비는 스트레스에 특히 취약하다는 말과 함께.

결국 나는 일에 대한 집착을 진짜로 내려놓아야 했다. 2009년 10월에 입사하고 만 14년을 꼬박 쉬지 않고 일해왔다. 기자 업무 가운데 절반이 기사 작성이라면, 나머지 절반은 사람을 만나는 일이다. 그리고 사람을 만나는 일의 절반 이상은 술자리였다. 점심과 저녁 스케줄은 늘상 한 달 이상 꽉 차 있었다. 약속이 없거나 갑자기 취소된 날이면 출입처 주요 인사들의 연락망을 훑어보며 전화를 돌려 '번개'를 쳤다. 취재원 자리가 아니더라도 팀장이나 반장 역할이니 회사 내 크고 작은 회식도 적지 않았다. 새벽부터 새벽까지 기사를 확인하고, 전화를 돌리고, 사람을 만나고, 기사를 쓰고, 전화를 돌리고, 또다시 사람을 만났다. 그렇게 숨 돌릴 틈 없이 바쁘던 모든 일상이 안면마비 이후 일거에 뚝 멈췄다.

2주마다 만나는 정신과 주치의에게 이렇게 말한 적이 있었다.

"일하는 데에서 보람도 재미도 느꼈지만, 솔직히 버거울 때도 있었거든요. 찰리 채플린의 영화 〈모던 타임스〉의 한 장면처럼, 거대한 태엽에 끼어 빙글빙글 돌아가고 있다고 생각한 적도 있어요. 그런데 갑자기 태엽이 멈춘 셈이라서 어지러워요."

주치의는 수면보조제와 항우울제를 처방해주었다.

열혈기자

2008년 여름, 9학기를 마치고 대학을 졸업했다. 닥치는 대로 기업 공채 시험에 원서를 냈다. 줄줄이 떨어져서 자기소개서에 뭐라도 채우기 위한 용도로 그해 겨울부터 희망제작소에서 무급 인턴을 시작했다. 주 3회 출근, 하루 다섯 시간 근무. 이 정도면 취업 준비와 병행하기에 나쁘지 않다고 생각했다. 한국의 노동환경을 얕잡아 본, 얼마나 안이한 생각이었던가.

근무 시간은 자연스럽게 주 5일, 하루 여덟 시간을 넘기기 일쑤였다. 그래도 괜찮았다. 갈 곳이 있고 할 일이 있다는 게 안도감을 주었다. 일도 재밌었다. 연사를 초청해 대중강연을 진행하는 부서에서 연구원 선생님들의 업무를 보조하고 기록물을 남기는 일이었다. 이헌재 전 재정경제부 장관이나, 당시에는 제일 핫한 인물이었던 안철수 안랩 CLO 등의 강의를 들을 수 있었다.

　하지만 당연히, 현실적인 '월급'이 필요했다. 언론고시 준비생들의 카페 '아랑'을 수시로 들락거리며 크고 작은 회사를 가리지 않고 채용 공고가 뜨면 무조건 지원했다. 언론사가 아닌 일반 기업도 가리지 않고 지원했지만 공고 자체가 많지 않았다. 미국발 금융위기 여파로 기업 대부분이 신입 채용을 줄이던 시절이었다.

　그나마 언론 계열에 지원서를 냈을 때 타율이 높았다. 신문방송학과 사회학 복수전공에 미학대학원 진학을 고민하며 문화사회학, 철학 등의 수업만 골라 들어서 언론사 이외 다른 기업들을 위한 자기소개서는 채울 내용조차 없다시피 했다. 안정적으로 월급을 줄 수 있을 것만 같은 회사라면 규모와 상관없이 원서를 냈다.

　그러다가 2009년 여름 〈열혈기자〉 모집 공고를 보게 됐다. '아랑'에 올라온 글의 제목은 아마 '일간스포츠 인턴 기자를 뽑습니다'였던 것 같다. 〈슈퍼스타K〉 등 오디션프로그램이 막 범람하기 시작했던 시절, 지금은 없어진 중앙그룹의 케이블TV 채널인 QTV에서 일간스포츠 연예부 기자를 뽑는 과정을 오디션프로그램으로 방영한다는 공고였다.

　역시나 안이하게 생각했던 나는 인턴 기자 채용 과정을 다큐처럼 관찰해서 찍어서 편집하는 정도겠거니 생각했다.

무엇보다도 'QTV는 어차피 아무도 안 보잖아?' 싶어서 망설임 없이 지원서를 냈다. 적당히 하면서 다른 입사 시험 준비도 병행할 생각이었다.

하지만 막상 서류 통과 이후부터 석 달은 자연스럽게 이 과정에 올인하게 됐고, 그해 가을, 나는 300대 1이라는 경쟁률을 뚫고 최종 우승자가 되어 일간스포츠에 출근하게 됐다.

프로그램 초반의 나는 두각을 드러내는 출연자는 아니었다. 애초에 TV를 즐겨 보지도 않아서 연예계 관련 배경지식이 많지도 않았다.

첫번째 미션은 팀을 나누고 연예인을 섭외해서 사진을 찍어 오는 일이었다. 이런저런 인맥을 동원할 수 있는 친구들이 훨씬 유리한 건 당연했다. 나는 엉뚱한 곳에서 헤맬 수밖에 없었다. 미션마다 한 명씩 떨어졌기 때문에 초반에는 그저 '꼴찌만 하지 말자'라는 마음으로 임했다. 다른 친구들과 원만하게 지내면서 그들의 장점에 '엎혀 가는 전략'을 택했다.

그러다 중반 즈음 록페스티벌 취재 미션이 나왔다. 이 무렵부터 록 밴드나 관중 인터뷰를 영어로 진행하면서 자신감도 붙었고 평가도 좋아지기 시작했다. 딱히 영어를 잘해서가 아니었다. 다른 지원자들이 상대적으로 움츠려 있을 때 '브로 큰 잉글리시'여도 일단 저돌적으로 던지는 모습에 점수를 받 았던 것 같다.

최종 3인에 들었을 땐 솔직히 '이젠 진짜 떨어지겠다'고 생 각했다. 지금은 축구 해설위원과 예능 PD로 활약하고 있는 다 른 두 지원자는 프로그램 초반부터 눈에 띄는 사람들이었다.

마지막 미션은 '3개 직종 중 하나를 골라 체험 기사 쓰기' 였다. 누가 봐도 제일 힘들 것 같은 '스턴트맨'을 골랐다. 다른 선택지인 개그맨과 댄서도 어차피 자신 없기는 매한가지라서 이왕이면 마지막까지 강렬한 인상을 남기고 싶었다.

주어진 시간은 약 일주일. 그 가운데 5일 동안 경기도 파 주에 있는 정두홍 감독님의 액션스쿨에 다녔다. 매일 훈련의 시작은 유산소. 30분가량 달리고 와서 복근 운동 등 기초적 인 운동을 한다. 구르고 뛰고 맞는 것이 일상인 액션 배우들 은 다치지 않기 위한 근력과 순발력, 유연성을 키우는 게 가 장 중요하다. 그래서 다리부터 찢어야 한다는 말을 들었을 땐 '좋게 봐줘도 100도 각도로 벌려지는 내 다리가…… 닷새 안 에 찢어질 수 있다고요?' 하는 생각이 앞서 의심스러웠다. 하 지만 내 훈련을 담당한 이종연 감독님은 가능하다고 호언장 담을 했다.

내 다리는 정말이지, 생각보다도 훨씬 이른 사흘째에 찢어졌다. 100도에서 110도 정도로 약간은 넓어진 것 같아서 뿌듯한 마음으로 바닥에 붙어 들숨과 날숨을 가까스로 내뱉고 있던 찰나, 이 감독님이 아무런 예고도 없이 본인의 양다리로 내 다리를 확 찢어버리는 동시에 내 상체를 바닥으로 눌러버렸기 때문이다.

정말로, 거짓말이 아니고 순간 하늘에 별이 보였다. 6mm 카메라 앞에서 눈물, 콧물, 침을 동시에 쏟았다(방송쟁이가 되고 나서 이때를 돌이켜보면, 당시 현장에 있던 제작진이 얼마나 신났을지 충분히 이해가 된다). 방송이고 뭐고 그때는 육성으로 욕을 하고 싶을 정도로 진짜 아팠다. 조금 더 그렇게 바닥에 붙어서 호흡을 가다듬다 보니 그럭저럭 견딜 만해지는 순간이 왔다. '해냈다'라는 기쁨도 있었던 것 같다.

그날 양쪽 허벅지에 피멍이 들었는데, 다 없어지는 데까지 3주 정도가 걸렸다. 그래도 피멍을 볼 때마다 뿌듯했다. 1200만 원가량의 상금(원래 1등 경품은 준중형 자동차였는데, 사측의 제안으로 현금으로 받게 됐다)과 직장을 선사해준 영광의 상처였으므로.

이때의 성공 경험은 이후의 직장생활에도 큰 영향을 끼쳤다. '어차피 해야 할 일이라면, 티 나게 힘든 일을 택하는 게 결국에는 유리하다'라는 생각이 자리 잡았기 때문이다.

선택지가 없는 경우라면 당연히 주어진 일을 했지만, 조금이라도 나의 의지가 개입될 수 있다면 언제나 '굳이 고된 일'을 선택해왔다. JTBC에서 문화부에 배치됐지만 사회부를 가고 싶다며 몇 달을 손들어서 사회부에 갔고, 법조팀에 갔고, 특별취재팀에 갔다. 그 외에도 '조용한 퇴사'와 같은 요즘 기조와는 전혀 맞지 않는 삶의 방식을 선택하며 여기까지 왔다. 어쩌면 그래서 십수 년 뒤인 오늘 안면마비를 겪고 있는 것일지도 모르지만 말이다.

일간스포츠에 입사하고 처음 출근했던 날을 생생하게 기억한다. 팀장과 함께 편집국을 돌면서 인사를 했다. 일하기 바빠서 굳이 신경 쓸 여력도 없었겠지만, 인사를 받는 선배들의 표정이 오묘했다. '반갑다 잘해보자!'가 아니라 '이 난파선에 어쩌자고 들어왔니?' 같은 느낌이었다고 할까.

2002년 한일월드컵으로 호황기의 정점을 누렸던 스포츠지는 메트로 등 무가지가 인기를 끌면서 순식간에 고꾸라졌다. 원래 한국일보 계열사였던 일간스포츠는 파업과 정리해고를 거치면서 중앙일보 그룹으로 매각된 상태였다. 한때 '업계 1위'였다는 자부심을 가진 고연차 선배들이 많았고, 그만큼 사담을 나눌 때면 상실감을 드러내는 순간도 적지 않았다. "옛날에는……"으로 시작되는 무용담을 자리마다 들었다.

나는 이러나저러나 상관없었다. 연봉은 생각보다 더 낮았지만(금융위기로 인해 전년도 입사자보다 초봉이 400만 원 삭감됐다는 사실을 일방적으로 통보받았다), 어차피 우승 상금을 더해서 생각하면 나쁘지 않았다. '상금 효과'가 끝나기 전인 1년 안에 더 큰 회사의 공채 시험도 계속 보고, 이직도 노려볼 요량이었다.

무엇보다 일이 재미있었다. 연예부는 영화, 방송, 가요 담당이 나뉘어 있었다. 나는 영화 팀에 손을 들었다. 영화 시사회를 가고, 리뷰 기사를 쓰고, 라운드 인터뷰에 참석하고, 일정이 끝나면 관계자들과 저녁 자리를 가졌다.

특히 좋았던 건 〈열혈기자〉의 우승자 타이틀을 걸고 따로 마련된 나만의 '체험 기사 코너'였다. 격주로 신문 1~2페이지 전체(약 4000~5000자 안팎)를 나 혼자 채웠다. 신입 기자에게 주어지기 드문 기회였다. 이 코너를 통해 영화 제작부, 스타일리스트, TV 예능프로그램 AD, 경호원 등 화려한 조명 너머에서 묵묵히 일하는 사람들의 생활을 관찰하고 글로 풀어낼 수 있었다. 영화 취재도 물론 재밌었지만, 이 코너를 준비하는 과정은 대학교 때 공부했던 사회학 현장학습의 일종처럼 흥미로웠다. 솔직히 '이렇게 재밌는 일을 하는데 돈까지 받는다고!' 싶은 마음이었다.

물론 난감한 취재를 지시받은 날도 많았다. 2009년 늦가을이었다. 톱스타 커플의 열애 소식이 알려졌는데, 문제는 결혼 준비까지 착수했는지의 여부였다. 다양한 업계를 돌면서 확인하라는 지시를 받았다. 예컨대 어느 호텔 예식장에 예약을 잡았는지, 어느 브랜드에서 예물 반지를 사 갔는지 등을 체크하라는 거였다.

톱스타 커플의 전담 작업을 하는 A 씨를 만나, 그의 전문성과 관련한 인터뷰를 타진하는 척 이런저런 질문을 했다. 그러는 과정에서 그 커플의 결혼 준비 진척 상황도 슬쩍 물어봤다. 일종의 내 인생 첫 '잠입 취재'라고도 할 수 있었다. 자신의 공적을 자랑스럽게 이야기해주던 A 씨는 '사실상 결혼 준비 중이 맞다'는 취지의 답변을 해줬지만, '절대 쓰면 안 된다'라는 단서를 달았다. A 씨와 헤어지고 돌아오는 길에 엄청나게 고민했던 기억이 난다.

'팀장에게 아예 보고 자체를 하지 말까?'

'혹시라도 A 씨가 말한 내용을 기사로 쓰라고 몰아붙이면 어떡하지?'

다행히 팀장은 나의 의견을 존중해줬고, 기사는 쓰지 않게 되었다.

인터뷰의 무게

기자의 큰 장점 중 하나는 인터뷰가 아닐까. 누구를 만나든 질문을 하고, 이야기를 듣고, 답변 중 부족한 부분이 있다면 계속하여 물어볼 수 있는 직업이니까. 유명 정치인, 종교 지도자, 스포츠 선수나 연예인, 때로는 사건 중심에 있는 피의자나 피해자 등 많은 사람이 궁금해하고 만나고 싶어하는 사람을 가까이에서 직접 볼 수 있는 직업은 흔치 않다. 그렇게 대표성을 띠는 만큼 당연히 질문도 신중해야 하고, 대답을 옮기는 과정도 최대한 정확해야 한다.

하지만 인터뷰를 당하는 '인터뷰이'로서는 사실 도박이나 다름없다. 해당 기자가 어떤 질문을 할지, 그에 대한 내 대답을 어떻게 해석해서 옮길지는 알 수 없는 노릇이기 때문이다.

한국일보 김지은 기자의 기획 기사 시리즈인 〈삶도〉를 비롯하여 좋은 인터뷰 기사가 계속 나오는 건, 좋은 인터뷰어인 기자에 대한 신뢰가 진솔한 대답을 이끌기 때문이라고 생각한다.

개인적으로 '인터뷰이'가 되었을 때 난감하기 짝이 없던 기억이 있다. 〈열혈기자〉에서 우승하고 일간스포츠에 출근한 지 한 달 정도 되었던 무렵이었다.

그룹 사보 기자에게서 연락이 왔다. 특이한 채용 과정을 거친 만큼, 그 과정에 대해 사보에 싣고 싶다는 제안이었다. 입사 한 달 차가 이런 요청에 고민하고 자시고의 여지가 있었겠나. 나는 바로 팀장에게 보고드리고 약속을 잡았다. 회사 로고 아래에서 사진도 찍고, 이런저런 소감을 털어놓았다.

"어떤 연예인을 좋아했어요?"

사보 기자가 인터뷰 초반부터 해온 질문이었다.

"딱히 팬으로서 좋아하는 연예인은 없었고 그냥 영화를 좋아했습니다."

나는 두루뭉술하게 답했다. 그러나 인터뷰 질문과 답변이 거의 끝나 가는데도 '어느 배우가 나오는 어떤 영화를 좋아하느냐' '그래도 이상형에 가까운 사람이 있지 않느냐'와 같은 질문을 계속했다.

"이상형을 꼽자면 유지태 씨 같은 사람이요."

결국 그런 대답을 내놓았고, 그제야 인터뷰가 끝이 났다.

며칠 뒤 발행된 사보에는 "유지태 만나고 싶다"라고 내가 한 말인 것처럼 큰따옴표가 붙은 제목이 달려 있었다.

사보 기자에게 전화해서 조심스럽게 항의성 발언을 했다.

"제가 말씀드린 취지랑은 다르게 제목이 붙은 것 같아요."

"본문에는 말씀하신 내용이 거의 그대로 담기지 않았어요?"

담당 기자는 '아마도 편집 과정에서 제목이 그렇게 달렸다'는 취지의 답을 줬던 것 같다.

어차피 이미 발행된 사보를 고칠 수는 없는 노릇이었다.

'사보……. 뭐, 누가 보겠어.'

애써 그렇게 나 자신을 진정시켰다. 하지만 팀 선배들은 이후부터 유지태 배우의 영화 시사회나 인터뷰 일정이 있으면 눈웃음을 치면서 내가 가도록 눈에 띄게 챙겨줬다. 엔터테인먼트나 영화계 관계자들에게 일부러 이야기하기도 했다. 그럴 때마다 정말이지 증발해버리고만 싶었다. 선배들에게는 그저 막내 놀리는 '꿀잼' 소재를 하나 건진 것이었을 터였다. 하지만 나에게는 이날의 기억이 꽤나 충격이었고, 새로운 결심을 하게 된 계기가 되었다.

'앞으로 내 인생에 어떤 기회가 주어지더라도 인터뷰에는 절대 응하지 말아야겠다.'

당시 예능계의 '투톱 MC'였던 유재석과 강호동은 여타 연예인과 달리 어느 매체와도 인터뷰하지 않는 것으로 유명했다. 그래서 '신년기획' 아이템 등의 단골 발제 거리로 두 MC의 인터뷰가 논의되었다가 스러지곤 했다. 그럴 때마다 나도 속으로 고개를 주억거리며 왠지 모를 동감을 보냈다.

'인터뷰는 하지 말아야지. 암, 그렇고말고.'

그리고 동시에 '내 업무'로서 인터뷰의 무게감에 대해서도 다시 한번 생각하게 됐다.

지금은 거의 사라진 문화가 됐지만, 그때만 해도 신인은 물론이고 꽤 유명한 배우나 가수들도 언론사를 돌면서 개별 인터뷰를 했다. 유명한 연예인들은 주로 선배 기자들이, 나는 신인들을 맡는 경우가 많았다. 어차피 작품 캐릭터나 평소 생활에 대한 이야기들은 비슷비슷하게 마련이라 솔직히 재미는 없었다. 그래도 '어떻게 해야 이 사람의 매력을 조금이라도 잘 보여줄 수 있을까?' '어떻게 해야 이 사람의 진의를 왜곡하지는 않을까?' 하며 꽤 고심했던 기억이 난다.

물론 스포츠지의 특성상 가십거리를 빼놓기는 어려웠다. 영화 프레스 콜• 취재를 하러 가는 내게 선배들이 지시할 때도 있었다.

"아무개가 요즘 아무개를 만난다는 얘기가 있어. 인터뷰

• 정식 개봉에 앞서 취재진에게 주요 장면 등을 선보이며 작품을 소개하고 인터뷰를 진행하는 행사.

다 끝날 때 수첩 탁 덮고 지나가는 얘기처럼 물어봐."

그래서 실제로 인터뷰가 끝날 때, 터질 것 같은 심장을 부여잡고 "○○ 만난다면서요?" 하고 짐짓 자연스러운 척, 다 아는 척하며 물어본 적도 몇 번 있었다. 당연한 말이겠지만, 연예계 바닥을 십수 년 구른 그들에게 막내 기자의 허풍이 먹힐 리는 만무했다. 제대로 된 답을 건진 적은 한 번도 없었다. 그럼에도 그냥 그런 질문을 한다는 것 자체로 죄스럽고 미안한 마음이 들었다.

이 책은 꽤 오랜 시간을 구상했고, 꽤 오랫동안 쓰고 또 썼다. 그리고 이 챕터를 쓰고 있는 지금은 2024년 1월.

나이는 만으로 마흔이 되었고, 안면마비는 발병 6개월째에 접어들었다. 분명 조금씩 나아지는 방향으로 가고 있긴 한데, 더디다. 그래도 눈꺼풀이 덮이긴 하는데 여전히 속도가 느리고 눈을 감아도 흰자가 보인다. 말할 때마다 오른쪽 눈두덩이가 수축되면서 덜덜 떨린다.

집에서 심심할 때마다 거울을 보고 "JTBC 심수밉니다."라고 말해본다. 모든 기사 마지막에 반드시 들어가는 문장, 내 소속과 이름을 밝히는 '바이라인'이다. 수천 번 족히 외쳤을 이 문장을 내뱉는 것이 이렇게나 힘들 줄이야. 눈두덩뿐 아니라 볼 근육과 입술 근육도 정상인 왼쪽 얼굴과 차이 나게 파르르 파르르 떨린다.

나이 마흔에는 멋있는 모습으로, 뭐랄까 트렌치코트 깃을 휘날리며 워싱턴 특파원 같은 것을 하고 있기를 기대하며 살아왔다. 혼자 거울 앞에 서서 허연 입술로 '아- 에- 이- 오- 우-'나 간신히 반복하는 모습이 돼 있을 줄은 정말 꿈에도 몰랐다.

마음이 쓰라릴 때마다 한동안 헤드셋을 끼고 공원을 걸었다. 요즘은 날이 추워서 나가기 싫으니 그냥 책을 편다. 책 속으로 도피한다. 사두고 안 읽었던 책들을 읽고 또 새로운 것들을 사 읽으면서, '얼마나 귀하고 복된 시간이냐'라고 위안한다. '동굴 속에서 쑥과 마늘을 먹는 시간이다'라고 생각한다.

'쑥과 마늘'은 JTBC 개국 준비팀에 있던 시절부터 개국 직후까지, 거의 '가내 수공업'처럼 일하던 시절을 추억하며 후배들에게 이야기할 때 자주 썼던 비유였다. JTBC는 개국한 지 불과 5년여 만에 각종 언론매체 신뢰도·영향력 조사에서 1위를 차지할 정도로 위상이 급부상했다. 하지만 개국할 때만 해도 이렇게 빠른 시일에 자리를 잡을 줄은 누구도 상상하지 못했다.

열악한 환경 속에서 구성원들이 고생을 정말 많이 했다. 인력, 인프라, 장비, 노하우 등 모든 게 부족했다. 경쟁사 기자들은 출입처 기자단에 받아주지 않았고, 진보 성향 취재원

(단체)은 'MB 악법'의 부산물이라며 취재 요청을 거부했다. 그러니 어느 정도 자리 잡은 시점에서 되돌아보면 거의 고조선 개국 설화만큼이나 아득한 느낌이 들었던 것이다.

일간스포츠에 입사한 지 10개월가량 지난 2010년 8월 말, 나는 중앙그룹에서 종편 승인을 따기 위해 만든 방송추진단으로 차출됐다. 당시 전 계열사에서 8년 차 미만의 기자들을 대상으로 카메라 테스트를 치렀다. 그중 나는 오디오가 우수해서 선발됐다고 한다. 내가 진짜 우수해서였다기보다는, 아마 중앙일보에서는 좋은 선수를 내주지 않으려고 했던 것 아니었을까, 하고 생각한다. 똑같이 인력을 차출하라는 지시가 내려와도, 계열사는 저항하기가 상대적으로 어려운 입장일 수밖에 없으므로 자연스럽게 그리됐다고 짐작했다.

내막이야 어떻든 파견 소식을 처음 들었을 땐 사실 설레었다. 더 큰 회사에서, 그것도 중점적으로 추진하는 사업팀에 낄 수 있는 기회니까.

그 설렘이 눈물 콧물로 바뀌는 데에는 채 한 달도 걸리지 않았다. 준비해야 하는 사업계획서는 양이 어마어마했고, 보도와 대외협력 담당의 '허드렛일'은 아래로 아래로 쏟아져 내렸다. 회의 준비를 위한 자료 조사, 문서 카피와 파쇄부터 MOU 대상 후보군인 학교와 기관에 전화를 돌리고 약속을 잡고, 기념품을 주문하고, MOU 문서를 만드는 등의 작업까지. 일을 해도 해도, 거의 매일 자정을 넘겨도 끝나지 않았다.

물론 겨우 1년 차인 내가 도맡은 일보다는 선배들이 하는 일이 더 중요하고 많았을 터였다. 바로 그게 문제였다. 나의 힘듦은 '허드렛일'이라는 데 있었다. A학교에 MOU 기념품으로 전달하기 위해 5만 원 선의 머그잔을 살지 아니면 6만 원 선의 연필꽂이를 살지를 비교 분석하는 보고서를 써서 컨펌을 받는다. 이 일은 앞으로의 기자 생활에 아무런 영향을 미치지 않을 게 자명했다. '내가 이 일을 왜 하고 있지' 같은 생각을 할 겨를도 없이 바빠서 그냥 꾸역꾸역 주어진 대로 일을 해냈다. 정 시간이 없으면 '이만저만한 후보군이 있는데 이 정도로 구매해서 진행하겠습니다' 정도로만 짧게 보고하고 끝냈다. 그러면서도 한편으로는 'MOU는 우리 팀 업무니까, 당연히 실수 없이 해야 한다'는 생각도 들었다.

그러던 어느 날이었다. 한 임원 명의로 관련사들에 연말 선물을 보내야 하니까 선물 후보군을 정리하라는 지시를 받았다. 주어진 예산 안에서 백화점 선물 세트를 둘러보고 1차로 작성해서 올렸는데, 담당 부장이 더 꼼꼼한 비교 분석 리포트를 원했다. 오늘 내로 마쳐야 할 다른 일이 아직도 산더미였기에 속이 탔다. 적당히 빨리 끝내고 싶어서 이렇게 저렇게 의견을 냈다가 혼만 났다.

"심수미 씨, 하나를 보면 열을 알아. 이런 일부터 꼼꼼하게 잘해야 기자로서 취재도 잘하는 거야. 대체 뭘 배워온 거야?"

중앙일보 출신의 부장은 평소에도 "취재는 말이야……"로 시작하는 훈수를 자주 뒀던 분이었다. 그런데 이날은 평소 같은 '그러려니'가 잘 안 됐다. 아니, 약을 팔려고 해도 정도가 있는 거 아닌가? 대체 나를, 그리고 일간스포츠를 얼마나 우습게 봤으면 선물 리스트를 가지고 취재 운운하는 건데? 속에서 불이 났지만 당시의 나는 겨우 20대 중반이었고, 고작 입사 2년 차였다. 그저 얼굴만 시뻘게진 채 묵묵히 듣고 있었다. 그때 해당 임원 비서가 복도 반대쪽에서 걸어오면서 부장을 제지했다.

"아니, 부장님. 저희가 해오던 루틴이 있어서 그에 맞춰 진행할 건데 지금 왜 따로 하시는 거예요? 심 기자가 이 리스트를 왜 뽑고 있는 거예요? 이거 아무 소용도 없는 일이에요. 그냥 두세요, 저희가 알아서 할 거니까."

창피해서였는지, 서러워서였는지, 아니면 '쓸데없는 일을 왜 시키는 거지' 싶었던 내 생각이 틀리지 않았다는 안도감 때문인지, 갑작스레 수도관 터지듯이 눈물이 나서 화장실로 달려갔다. 변기통을 붙잡고 거의 30분을, 딴에는 눈물 소리를 삼키려고 끕끕 거리면서 울었다.

그런 추억들이 있으니, 12월 1일인 JTBC 개국 기념일이 되면 마음 한편이 저릿해진다. 새벽 1~2시까지 뻥 뚫린 눈동자로 모니터를 보며 문서 작업을 하거나, 파쇄를 하거나, 연하장 스티커를 붙이던, 그 시절 20대의 내 뒤통수를 쓱쓱 쓰다듬어준다.

2011년 말, JTBC가 종편 사업 신청회사 가운데에 1등으로 심사를 통과했다. 방송추진단은 한동안 축제 분위기였다. 보도부문 담당이었던 이규연 선배는 보도부문의 모든 구성원과 일대일 면담을 예고했다. 방송시장 신규 진입자로서 JTBC의 경쟁력을 높일 방안에 대해, 각자 자유롭게 고민하고 의견을 내달라는 주문이었다. 나는 '진보 성향'의 방송을 주제로 면담을 준비해 갔다.

미국처럼 방송국의 정치색을 공식화하는 건 아니지만, 한국의 언론 지형 역시 통상 조선일보·중앙일보·동아일보 대 한겨레·경향신문·시사IN 등으로 보수 성향 매체와 진보 성향 매체가 분명하게 나뉘어 인식됐다. 방송의 경우, 당시 압도적으로 시장을 점유하고 있는 지상파 3사 가운데 진보 성향이라고 부를 만한 채널은 MBC뿐이었다. 하지만 복잡한 소유구조로 인한 '반(半)공영 반(半)민영'의 성격 때문에 정부가 인사 등에 개입할 여지가 많았다. 특히 함께 종편 사업 승인을 받은 TV조선, 채널A, MBN도 보수색이 짙을 가능성이 높았다.

나는 상대적으로 공급자가 적지만 수요가 분명히 있는, 진보 성향의 시청자들을 사로잡는 방송을 하는 게 어떻겠냐는 의견을 냈다. 선배는 일리가 있는 말이라면서도 중요한 포인트를 짚었다.

"(상대적으로 진보 성향이 짙은) 젊은 사람들은 집에서 TV와 뉴스를 잘 보지 않지만, (상대적으로 보수색이 짙은) 나이 든 사람들은 집에서 TV를 많이 보기 때문에 과연 그 전략이 성공할지 의문이고 고민이 된다."

선배의 이야기 역시 맞는 말이었기 때문에 나는 더는 보탤 의견이 없었고, 면담은 아주 짧고 싱겁게 끝이 났다. 그로부터 약 10년이 지난 2021년, 이 선배가 보도담당 대표를 역임하게 됐을 때였다. 사석에서 그때의 면담 내용을 기억하는지 물었더니, 당연하지만 금시초문이라는 반응을 보였다. 나의 의견이 회사 업무에 반영됐을 리는 만무했다는 이야기다.

훗날의 일이지만 결과적으로 JTBC는 2013년 손석희 선배를 영입하면서 꽤 오랜 시간 동안 진보 색채를 띤 방송사로 이미지를 굳혔다. 세월호 참사와 국정농단, 안희정 성폭력 보도 등으로 이어지는 시간이 그러했다.

그러다 2019년 조국 사태를 기점으로 회사를 바라보는 시선도, 내부 구성원들의 방향성도 모두 분열되기 시작했다. 비단 조국 사태가 분열시킨 것이 우리 회사뿐이겠냐마는. 지향점도 방향성도 잃어가던 시기에 손석희 선배가 회사를 떠났고, 외부적으로는 뉴 미디어•의 대중화가 나날이 가속화됐다. 가뜩이나 회사 자체의 경쟁력이 약화되고 있는데, 회사가 몸담은 '레거시 미디어'••라는 시장 전반이 대중에게 외면받기 시작했다는 뜻이다.

JTBC는 2020년부터 2023년까지 거의 매해 메인 뉴스 앵커를 바꾸고 조직을 개편했다. 방송뿐 아니라 디지털 시장에서의 경쟁력도 강화해야 했다. 회사는 취재 업무를 분담하고 지시하는 일부터 마지막 송출하는 과정에 이르기까지, 그동안 해온 방식과 문법을 바꾸는 과정을 밟고 있었다. 지금 이 대목을 쓰고 있는 2023년 말에는 '인건비 절감'을 이유로 희망퇴직이 공고되었고, 수십 명의 직원이 떠났다.

우리는 모두 이게 겨우 시작에 불과할 뿐 더 큰 혼란과 진통이 불가피하다는 사실을 알고 있다. 뉴스를 소비하는 사람

• SNS, 유튜브, 뉴스레터, OTT 등 디지털 기술을 기반으로 등장한 새로운 형태의 미디어.

•• TV, 라디오, 신문, 잡지 등 전통적인 미디어.

들이 점점 사라져가는 시대에, 뉴스 공급자들은 어떻게 살아
남을 것인가? 내가 이 업종에 남아 있는 이상은 계속 고민해
야 할 문제일 것 같다.

모든 산업이 그렇지만 후발주자들은 고통스럽다. 종편이 갓 허가를 따내고 개국을 앞두고 있었던 2011년, 지상파 3사의 점유율과 영향력은 가히 압도적이었다. 우리는 어떻게 하면 그 벽에 조금이라도 균열을 낼 수 있을지를 고민했다.

심지어는 보도국 단체로 연기 수업을 들은 적도 있다. 개국하기 전 기자들은 외국 뉴스를 모니터링하면서 참고할 만한 레퍼런스를 찾고, 우리 업무에 어떻게 적용할 수 있을지 돌아가며 발표하고 토론했다.

그때 내가 발표한 주제는 '중계 기자들의 자연스러운 움직임'이었다. 지상파 3사의 방송뉴스는 매우 안정적이었지만 기자들이 전혀 움직이지 않고 고정된 화면 속에서 '일방적으로 읊는 식'이어서 지루하고 딱딱하게 느껴졌다. 이와 대조적으로 CNN 등 외국 뉴스는 기자들의 움직임이 많았고, 기사를 읽어내리는 게 아니라 그냥 '말하는 식'으로 한층 자연스러워 보였다. 이를 벤치마킹하는 방안으로서 단체 연기 워크숍을 제안했다. 기자들이 연기 워크숍을 통해 양팔을 자연스럽게 움직이거나 한결 덜 딱딱하게 말하는 법을 배워보면 어떻겠냐는 의견이었다. 솔직히 대학교 과제 발표하듯이, 달리 뾰족한 수가 생각나지 않아 쥐어짜낸 접근법이었다.

그런데 당시 보도국장이었던 이규연 선배의 반응이 긍정적이었다. 바로 업체를 섭외하고 기자들이 단체로 두세 번 수업을 들었다. 연기 워크숍이랑은 아무 상관 없지만 '손석희 사장 영입 이전의 JTBC 굴욕' 짤로 돌아다니는 그 유명한 '토끼 인터뷰'부터 시작해서 앵커가 멘트 중간에 레몬을 씹어 먹는 등의 다양한(웃픈) 화면들은 이처럼 '틀을 깨자'라는 다양한 고민 끝에 나온 결과물이었다.

2013년 이후 보도담당 사장으로 손석희 선배가 회사에 와서 주문했던 내용은 그가 없었던 시절의 우리가 고민했던 지점들과 크게 다르지 않았다. 다만 수십 년간의 현장 경험에서 나온 '당장 실천 가능한 섬세한 솔루션'이었다는 점이 큰 차이였다고 할까.

기자가 가만히 서서 말하는 스탠드업이나 중계를 원칙적으로 지양했다. 한국 뉴스에서 그동안 거의 사용하지 않았던

'워크 앤드 토크(walk and talk)' 방식이다. 현장을 보여주면서 움직일 수 없다면 아예 스탠드업을 빼라는 지시도 내려왔다. 또 기자들이 현장 중계할 때 프롬프터*를 쓰지 못하게 했다. 기자의 눈동자가 좌우로 굴러가며 읽는 티가 날 수밖에 없다는 이유에서였다. 손석희 선배는 '방송은 살아 있는 생물'이라는 점을 늘 각인시키고, 시청자들에게 최대한의 '생생함'을 전달하려고 노력했던 것 같다.

화면으로 보이는 면 외에 기사 작성 단계에서도 주문 사항이 여럿 있었다.

- 한자로만 이뤄진 단어는 한글로 풀어 쓸 것.
- 단문으로 쓸 것.
- 쉽게 쓸 것.
- '○○가 나옵니다'라는 문장은 가급적 쓰지 말 것.

요즘도 방송기사에서 자주 볼 수 있는 '분석이 나옵니다' '지적이 나옵니다' '해석이 나옵니다'와 같은 문장 말이다.

"대체 어디서 뭐가 나온다는 거야? 그냥 기자들이 취재가 덜 된 상태에서 자기들 생각 쓰고 싶으니까 편하게 갖다 붙이

는 표현 아니야?"

손 선배의 적나라한 지적에는 전적으로 동의하지만, 현실적으로는 안 쓰기가 참 어려웠다. 기사는 논설과 달라서, 기자의 주관을 직접적으로 드러내면 안 된다. 팩트를 전달하지만, 그럼에도 비판적인 뉘앙스를 전달하고 싶을 때면 여지없이 '나옵니다'를 쓰고 싶어서 근질근질했다.

통상 비판적인 뉘앙스를 담고자 할 때 기자들이 흔히 쓰는 '치트 키'인 전문가의 '싱크(인터뷰이의 목소리)'도 써서는 안 되었다.

"기사에서 이미 다 전달된 내용인데 기자들이 관습적으로 전문가의 입을 빌려서 마지막에 넣는 건 '동어반복'이다."

손 선배의 말이, 모두 다 맞긴 하다. 실제로 몇몇 분야의 대표적인 '스피커'들은 기자들이 전화하면, "오늘 기사 주제가 뭐야?"라고 물으며 '맞춤형' 멘트를 해주기도 했다. 맞는 말인데, 안온하게 젖어 있던 '관습'을 버려야 했던 기자들은 일하기가 참으로 피곤했던 것도 사실이다.

그 '피곤한 시간'을 거쳐 여타 지상파와는 다른 'JTBC만의 뉴스' 포맷들이 정착됐고, 많은 사랑을 받았다. 그래서 언젠가부터는 지상파 뉴스를 보다가 '어, 저거 우리 뉴스 같은데?' 싶은 장면들을 많이 발견했다. 나로서는 그야말로 격세지감을 느끼는 순간이었다.

종편이 처음 생겼을 때만 해도 '신문사의 취재력을 방송으로 다듬어서 내보내기만 하면 되는 것 아니냐'라는 '원 소스 멀티 유즈(one source multi use)'에 대한 환상이 회사 전반에 깔려 있었다. 예를 들어 중앙일보 기자가 '빅숏(중요 인물)'을 인터뷰할 때 JTBC 영상기자가 가서 찍고 방송으로 내보내면 된다는 인식이었다.

특히나 신문기자들은 자사의 취재력이 업계 '톱'이라는 자부심(아마 종편 승인을 받은 조선일보, 중앙일보, 동아일보도 공히 비슷한 분위기였을 텐데)을 숨기지 않았다. 지상파 방송기자들도 내심 깔보는 판국에 더 규모가 작은, 비지상파에서 경력직으로 모여든 종편 취재기자들을 무시하는 분위기는 역력했다. 그만큼 '신문의 취재력을 방송에도 활용해야 한다'는 생각도 강했다.

'멀티 유즈'의 환상이 깨지는 데에는 개국하고 그리 오랜 시간이 걸리지 않았다. 신문의 취재와 방송의 취재는 같은 포유류라고 해도 바다에 사는 고래와 초원의 코끼리만큼이나 멀리 떨어져 있다. 뉴스의 소비자층이 다르고, 각각의 뉴스 콘텐츠에 기대하는 바가 달랐다. 하나하나의 아이템 선정부터 취재 방식, 기사 작성 방식과 방향까지 차이가 있었다.

개인적 경험을 바탕으로 단적인 예를 들면 이렇다. 2011년 12월의 일이었다. 선동열 전 기아타이거즈 감독과 고 최동원 맞대결을 그린 영화 〈퍼펙트 게임〉의 개봉을 앞둔 시점에, 선 감독과 인터뷰를 진행했다. 일간스포츠에서 선동렬 감독과 주연배우였던 양동근의 공동 인터뷰 일정을 잡았다. JTBC도 함께 촬영해 내보내기로 했고, 문화팀에 있던 내가 참여했다.

인터뷰는 한 시간 넘게 진행됐다. 신문의 인터뷰는 기본적으로 그렇다. 지면 사정에 따라 조금씩 다르지만, 대개 인터뷰 기사의 경우 2000~3000자 정도로 넉넉하게 배정되는 편이다.

그러나 방송은 앵커의 멘트를 포함해도 아주 넉넉해야 2분이다. 15초 남짓한 싱크는 기자의 코멘트를 최대한 줄이고 줄인다는 전제하에 네다섯 개 넣으면 진짜 많이 넣은 거다. 그러니 방송 인터뷰는 스케치 촬영 시간을 포함해서 길어야 20분

정도면 충분했다. 방송 입장에서 신문과 함께 인터뷰한다는 건 시간 낭비, 공력 낭비였다.

인터뷰 대상을 선정하는 기준도 신문과 방송은 판이했다.

신문의 핵심 독자는 기본적으로 활자에 익숙한 중장년층이다. 문화부를 예로 든다면, 대중적 인지도는 낮더라도 순수 예술 분야에서 유명한 사람이라면 얼마든지 지면을 할애해서 기사를 낼 수 있다.

하지만 방송뉴스의 시청자들은 오직 뉴스만 집중해서 보기보다는 대부분 식사를 하거나 다른 일을 하면서 '백색소음'처럼 틀어놓곤 한다. 흥미 없는 내용이 나오면 바로 채널을 돌린다. 따라서 대중적 인지도가 낮으면 기사화되기 어렵다.

JTBC 개국 초기에 문화부에서 일한 신문 출신의 부장들은 이 지점을 몹시 괴로워했다. 자신들이 그동안 일해왔던 기준에서는 응당 메인 뉴스에 들어가야 할 아이템이었다. 그런데 회의 때마다 번번이 무시당할뿐더러 다음 날 아침 뉴스에도 들어갈지 불투명한 취급을 받았으니 말이다.

이제는 신문과 방송의 협업은 거의 시도조차 이뤄지지 않는다. 중앙그룹도 한동안은 신문·방송을 짧게라도 의무적으로 두루 경험하는 '통합 공채'로 기자를 뽑았다. 하지만 지금은 기자 채용 방식도 바뀌어 각각 따로 지원하고 근무하게 되었다(본인과 조직이 모두 원한다면 정기인사 때 이동은 가능하다).

그 대신 최근에는 방송과 온라인 기사, 신문과 온라인 기사의 업무 병행 현상이 심해졌다. 안면마비 병가를 마치고 2024년 복귀하니 전에는 없었던 〈지금이뉴스〉라는 콘텐츠가 신설돼 있었다. 기존에는 기자들이 발제했더라도 메인 뉴스 큐시트에 잡히지 않으면 별도의 영상물을 제작하지 않았는데, 이제는 오직 온라인용으로 별도 제작하는 콘텐츠가 생겨나고 있는 것이다. 그만큼 기자들의 업무량도 늘어났다.

그래서 요즘 나의 최대 관심사는 '생성형 AI가 기자들의 단순 반복 업무를 얼마나 실용적으로 대신해줄 수 있을까'이다.

아무리 AI 기술이 발달하더라도, 숨겨진 실체적 진실을 추적·발굴하는 심층취재와 탐사보도 분야는 인간 기자를 대체하기란 쉽지 않을 것이다. 하지만 온라인에서 폭발적으로 소비되는 뉴스 콘텐츠는 당장 흥미를 유발하는 속보성, 짧은 텍스트·영상 기사가 대다수다. 예컨대 국제부에서 근무했던 때, 미국 대선이나 중동 및 러시아·우크라이나 전쟁 등에 관한 기사도 썼지만, 낮에는 '클릭 수'를 유도하기 위한 단순 화제성 영상 기사도 써야 했다.

AI가 이런 일을 대신해준다면, 인간 기자들은 좀 더 고품질의 뉴스 생산에만 투입될 수도 있지 않을까? 너무 순진한 생각인가? AI로 인해 기자들이 일자리를 잃고 내쫓기는 서막에 불과할까?

2014년에 방송기자연합회를 통해 '빅데이터 저널리즘' 연수를 받았다. 국내에서는 빅데이터 전문가들에게, 미국에서는 언론재교육기관인 포인터재단의 수업을 듣고 폴리티팩트(PolitiFact), CNN 등을 견학했다.

최근 우연히 발견한 옛 USB에서 그때 끄적거렸던 수업 내용을 다시 만났다. '넷플릭스 유튜브 영향력 확대, 기성 미디어의 생존법은?' 등 지금은 기자들이 누구나 모이면 나누는 고민이 적혀 있다.

솔직히 그 시절에는 '디지털 저널리즘'에 대해 지금처럼 깊이 고민하지 않았다. 아니, 그다지 '시급한 과제로 생각하지 않았다'는 말이 맞을지도 모른다.

그날그날 당면한 일이 너무 많았다. 누구나 자기가 하는 일이 가장 힘들겠지만, JTBC 보도국의 업무량은 객관적으로도 굉장히 많은 편이었다. JTBC 입사 한 달 만에 사표를 내고 이전 직장으로 되돌아간 경력 기자가 있을 정도였다.

통상 방송사는 방송사끼리, 신문사는 신문사끼리, 서로서로 '단독' 경쟁을 한다. 아무래도 현장 그림을 직접 챙겨야 하는 방송기자보다는 기사에 팩트를 촘촘하게 실어야 하는 신문기자가 단독 팩트 발굴도 자주 하는 경향이 있다.

그러나 JTBC는 신문기자 출신 부장들이 편집회의를 해서 만드는 방송이었다. 아침마다 조간신문의 '단독'에 민감하게 반응했다. 그러니 방송기자였지만 신문기자처럼 취재해야 했다.

아침 메모 발제도 신문사처럼 했다. 제목 아래 서너 문단씩 빼곡하게 담으면 메모 한 꼭지당 500~600자는 금방 넘겼다. 사회부 기동팀 경우 '장기 기획 취재' '단기 취재' '오늘 기사' '타사 보도' '일정'이라는 각각의 소제목 아래 몇 꼭지씩 넣어야 했는데, 거의 매일 A4용지 한두 장 분량을 가득 채웠다. 방송사에서 이직해온 친구들이 가장 괴로워하는 업무 내용도 이 지점이었다.

"어차피 현장 취재를 하면 많은 것이 달라지는데 왜 아침부터 이렇게 진을 빼야 해?"

방송사의 오전 메모는 대개 몇 줄 이내로, 일정 위주의 보고로 끝나는 방식이라면서 JTBC에 의문을 던졌다.

그러다 보니 개편 회의 때마다 '메모 최소화'가 단골 과제로 떠올랐다. 하지만 초반에 조금 달라지는가 싶다가도 번번이 제자리로 돌아갔다. 어차피 메모를 받아 보는 부장들의 '신문처럼 일하는 관습'은 바뀌지 않았기 때문이다.

이런 특수성이 세월호 참사나 대형 산불·폭우 등 국가적 재난재해가 닥쳤을 때 JTBC가 힘 있는 보도를 할 수 있었던 원동력이라고 생각한다. 그러나 구성원으로서는 참으로 팍팍했던 것도 사실이다. 여기에 디지털 기사까지 쓰라고 하면 기자들의 반발이 적지 않을 터였다.

회사도 이런 분위기를 익히 알고 있었다. 그래서 중앙일보는 일찌감치 '디지털 퍼스트!'를 외쳤지만, 그에 비해 JTBC에는 디지털 전환 압력이 그다지 강하지 않았다.

소셜라이브

디지털에 크게 공을 들이지 않았는데도 2016년 말의 JTBC 유튜브와 포털 조회 수는 말 그대로 '터졌다'. 국정농단 보도로 전폭적인 지지와 사랑을 받고서부터였다.

그래서 〈뉴스룸〉을 본격적으로 활용한 유튜브 콘텐츠 〈소셜라이브〉를 만들게 됐다. 그 1회 촬영(2016년 11월 2일 방송분)을 내가 했다. 〈뉴스룸〉이 TV에 방송되고 있을 때 미리 스튜디오 전체를 송출하고 있다가, 클로징 멘트와 함께 그날의 엔딩 노래가 깔리면(손석희 앵커가 선곡한 노래와 함께 뉴스가 끝나던 시절이었다) 기자가 스튜디오로 들어간다. 앵커와 함께 오늘 주요 뉴스에 관해 대화를 나누다가, 앵커가 빠지면 기자가 혼자 남아서 〈뉴스룸〉에서는 미처 풀지 못했던 뒷이야기를 상세하게 설명한다.

독일에서 막 귀국했던 나는 최순실 모녀를 추적하며 확보했던 각종 문서나 자료 등을 펼쳐 보였다. '어떻게 하면 조금이라도 더 생생하게 취재 현장을 전달할 수 있을까' 고민하다가, 당시 서울중앙지검 청사 앞에서 뻗치기를 하고 있던 후배 이서준 기자와 영상 통화도 했다. 그날의 검찰 수사 상황을 기자들끼리 편하게 소통하는 모습을 보여주면 시청자도 쉽게 이해하지 않을까 하는 마음이었다.

아침부터 한 바닥 메모하고, 취재하고, 리포트 기사에 더해 출연 원고를 쓰는 와중에 〈소셜라이브〉를 위한 키워드와 대략의 흐름을 정리해야 했다. 진짜로 화장실 갈 시간도 없을 정도로 업무가 빡빡했다.

그래도 재미있었다. 동시접속자는 최고 1만 명, 평균 4000~5000명을 쉽게 넘었다. 이후에도 탐사팀에서 최순실 단골 성형외과의 파쇄된 종이를 맞춰가며 취재했던 이야기를 털어놓은 〈쓰레기봉투 속 파쇄된 진실(3회)〉 등은 온라인 매체가 받아쓸 정도로 화제를 모았다. 폭발적인 사랑을 받으니 힘든 줄도 모르고 일했다.

당시 나는 생각했다. 레거시 미디어와 뉴 미디어는 그렇게까지 크게 다르지는 않은 것 아닐까? 사람들이 가장 궁금해하는 '가려진 진실'을 드러낸다는 보도의 본질에만 충실하다면 시청자는 자연스럽게 찾아오지 않을까? '디지털 뉴스'란 것도, 그렇게까지 어렵고 복잡하게 생각할 것만은 아니지 않을까?

그로부터 정확히 8년이 지난 2024년의 JTBC 보도국 국제부 책상에는 해외 타블로이드 매체*와 소셜미디어를 뒤지며 '클릭 수를 유도할 아이템'을 찾고, '어떻게 하면 섬네일 제목을 더 시선을 끌게 뽑을까'에 대해 고민하는 내가 앉아 있다. 껄끄러운 마음으로, 하지만 거부할 수 없는 변화의 한가운데에서.

* 자극적이고 선정적인 기사가 많은 신문. 영국의 더 선(*The Sun*)이 대표적이다.

내가 초등학생이었을 때부터 우리 집은 중앙일보를 봤다. 아마도 자전거를 사달라고 조르기 시작했을 무렵이었을 텐데, 마침 중앙일보 판촉 가판대에서 자전거를 내걸었기 때문인 것으로 기억한다. 1년 치 구독료가 10만 원도 채 안 되었던 시절이었다. 그때는 신문사들이 구독료보다도 훨씬 비싼 사은품을 내걸고 서로서로 독자를 확보하고자 경쟁에 나섰다. 1996년의 신문 구독률이 69%˙였으니 광고 수입만으로도 짭짤했을 때의 이야기다.

신문은 온통 잘 모르는 내용으로 가득 차 있었고, 어렸던 나는 대부분을 이해하지 못했다. 그런데도 아침마다 꼬박꼬

˙ 2024년 이 수치는 4.2%를 기록했다(한국언론진흥재단 '2024 언론수용자조사').

박 종이신문을 넘겨봤다. 책을 좋아해서 집에 있는 책은 이미 몇 번이고 되풀이해서 읽었던 터라, 아침마다 새로운 활자가 배달되어 오는 것이 신났다.

신문을 받으면 제일 먼저 뒷면으로 돌려 사설부터 읽었다. 이 신문이 무엇을 제일 중요한 사안이라고 짚었는지를 훑어본 다음 역순으로 앞면까지 읽었다. 글자 크기와 굵기, 기사 분량, 사진이나 일러스트가 있는지 등으로 사안의 중요성을 한눈에 가늠할 수 있었다. 신문 편집은 그 자체로 하나의 메시지다.

방송 큐시트를 짜는 것도 이와 크게 다르지 않다. 무엇이 '톱'으로 갈 것인가, 각 리포트 길이는 얼마나 잡을 것인가, 기자 연결이나 출연을 덧붙일 것인가, 또는 관련 인물을 스튜디오에 출연시키거나 현장에서 원격 인터뷰를 할 것인가 등등. 사안의 경중을 비교해서 아이템별 전달 방식을 고민하고 결정한다.

그러나 온라인 뉴스는 완전히 다르다. 기본적으로 일부러 언론사 홈페이지를 찾아와서 뉴스를 보는 사람들이 거의 없다. 본인이 선호하는 포털이나 인터넷 커뮤니티, 소셜미디어에서 제목 한 줄을 보고 링크 타고 들어오는 사람들이 대다수다. 그러니 언론사에서 정성껏 의제 선정을 할 수 있는 여지가 적고 효과도 미미하다. 언론사는 무료봉사단체가 아닌 기업이므로, 당연히 수익이 나야 한다. 클릭 수가 많은 기사를 뒤늦게라도 좇아서 쓴다. 포털 메인에는 공들여 쓴 기획 기사보다 클릭을 유도한 자극적이고 흥미 위주인 기사들이 상위에 노출된다.

각종 인터넷 커뮤니티나 소셜미디어에서 기자들을 '기레기'라는 멸칭으로 폄훼하며 언론사 전체를 믿을 수 없는 집단으로 매도하는 글들을 자주 봤다. 취재 윤리나 개인정보보호에 대한 눈높이가 엄격해진 만큼 언론사들도 자성하고 노력해야 할 부분은 분명히 있다고 생각한다. 하지만 광고 전단지처럼 흩뿌린 질 낮은 기사가 오직 언론 보도의 전부인 것처럼 오도되는 점은 억울하다. 여러 언론사는 우리 시대에 필요한 정보를 정확하고 깊이 있게 가공하여 더 쉽게 전달하고자 각고의 노력을 기울이고 있다. 대중의 오해를 불식시킬 방법은 없을까?

로이터저널리즘연구소가 발간한 〈디지털 뉴스 리포트 2025(Digital News Report 2025)〉[*]에서 조금의 힌트를 얻어본다. 해당 보고서에 따르면 한국은 언론사 웹사이트나 앱에서 직접 뉴스를 소비하는 비중이 6%로 48개국 가운데 태국과 공동으로 꼴찌를 차지했다. 반대로 언론사 웹사이트나 앱 이용률이 높은 국가로는 핀란드(65%), 노르웨이(63%), 덴마크(52%), 스웨덴(50%) 등이 있었다. 또한 이들 국가의 뉴스 전반에 대한 신뢰 수준은 각각 핀란드 67%, 덴마크 56%, 노르웨이 54%, 스웨덴 53% 등으로 높게 나타났다. 이 결과는 신문이나 방송을 보듯 온라인에서도 해당 언론사가 책임지고 경중을 분류한 기사를 직접 소비하다 보면, 상대적으로 질 낮은 기사를 거를 가능성이 높아진다는 의미가 아닐까. 한국의 뉴스 소비자도, 좋은 기사를 보았다면 해당 언론사나 기자의 페이지를 지속적으로 찾아가서 '적극적인 뉴스 읽기'를 시도해주길 간곡히 부탁드린다.

언론계에는 수습기자를 고생시키면서 교육하는 '하리꼬미'라는 은어가 있었다. 지금은 사라진 문화가 되었지만, 예전에는 경찰서 숙직실에서 겨우 두세 시간 잘 수 있게 해주고 새벽부터 이튿날 새벽까지 가혹하게 취재를 시켰다. 이런 하리꼬미를 거치지 않으면 제대로 된 기자 교육을 받지 못한 신입이라 여겼다.

스포츠지 출신이었던 나도 예외는 아니었다. JTBC 개국 전이었던 2011년 초, 중앙일보로 파견을 나가서 3주간 하리꼬미를 돌았다. 내가 배치됐던 지역은 중부 라인이었다. 서울의 남대문·중부·용산 경찰서를 중심으로 관할 소방서, 대학병원 응급실 등을 돌면서 새로운 사건 사고는 뭐가 있는지 등을 계속해서 체크해야 했다.

그러나 일주일도 채 돌지 못하고 남대문경찰서에서 붙박이 생활을 시작하게 됐다. 국정원 직원들이 인도네시아 사절단의 롯데호텔 숙소에서 노트북을 뒤지다가 당사자들과 마주쳐버린 사건이 터졌기 때문이다.

남대문경찰서 형사과장이 화장실에 가면 가는 대로, 식당에 가면 가는 대로, 그대로 뒤쫓으며 하리꼬미를 도는 타사 기자들과 함께 우르르 녹음기를 틀고 쫓아다녔다. 형사과장은 당연히 기자들을 피해 방에만 박혀 있었고, 기자들은 경찰서 복도 바닥에 진을 치고 있어야 했다. 차라리 돌아다니는 게 나을 지경이었다. 새벽부터 그다음 날 새벽까지 아무런 소득도 없이, 그렇다고 뾰족한 돌파구도 없이, 남의 방문 앞만 지키는 일은 정말 고역이었다.

대학 시절에 연극을 올리거나 영화를 제작하면서 마감시간에 맞춘 밤샘 작업을 워낙 많이 했던 탓에 잠을 못 자는 것 자체는 그다지 어렵지 않았다. 현실적으로 힘들었던 건 '보고'였다.

사실 일간스포츠에서 일했던 10개월 남짓 동안, 난 크게 혼난 적이 없었다. 일간스포츠의 분위기가 널널한 편이었는가? 그것도 결코 아니었다. '상습 지각러' 선배가 허둥지둥 복도에 들어서면, 팀장의 목소리가 쩌렁쩌렁 울려 퍼졌다. "오늘은 또 왜 늦었냐!"라는 호통을 편집국 모두가 함께 들어야 했다. '톱 거리'*가 없거나 타사에 물을 먹는 날에도 여지없이 팀장의 목소리가 높아졌다. 나는 눈치껏 '각 잡고' 앉아서 시키는 일을 빨리빨리, 군소리 없이 했다. 물론 막내였던 만큼 기본적으로 큰 기대도 없었겠지만, 지각 안 하고 주어진 기사를 제시간 내에 비문 없이 마감하면 무탈하게 그날 하루가 지났다. 캐나다 워킹홀리데이 시절 스타벅스에서 일할 때도, 희망제작소 인턴 시절에도, 대체로 일을 빨리 배우고 조직 분위기에 잘 녹아들었다. 그래서 나는 '일머리가 좋은 편'이라는 자부심이 있었다.

그러다 하리꼬미를 하면서 밑도 끝도 없는 1진 선배**의 불호령을 처음 만나게 된 것이었다. 퉁명스러운 경찰서 당직자를 상대로 어렵게 어렵게 밤새 벌어진 사건·사고는 어떤 게 있었는지 알아내고, 육하원칙(누가, 언제, 어디서, 무엇을, 어떻게, 왜)에 맞게 취재해서 겨우 보고하면, 미처 생각지도 못했던 디테일에 대한 질문이 쏟아졌다. 그러고는 언제나, 반드시, 도돌이표처럼 똑같은 말을 듣게 됐다.

"추가 취재해서 다시 제대로 보고해."

새벽녘에 벌어졌던 일이다. 당연히 담당 형사는 퇴근해

●　지면 가장 높은 곳에 배치되는 기사로 올릴 만한 발제 거리를 뜻한다.

●●　각 출입처에서 핵심 취재를 맡은 경험과 연차가 있는 기자로, 후배들을 이끌며 팀 취재를 총괄한다.

서 접촉도 안 된다. 더군다나 대부분 주취폭력 등의 단순하기 짝이 없는 사건이라서 접근할 수 있는 영역도 한계가 있었다. 선배의 질문에 답할 수 있는 추가 취재가 될 리가 없었다. 그러면 한 시간 뒤 또다시 하릴없이 혼이 났다.

억울한 마음에 눈물이 흘렀던 날이 있었다. 목소리에서 우는 티가 나면 안 되니까 눈을 부릅떠서 눈물을 말리고 침을 꿀꺽 삼키면서 숨을 뱉다가, 선배에게 진짜 크게 혼이 났다.

"심수미 씨, 지금 한숨 쉬는 거예요? 선배가 말하는데 한숨을 쉬어?"

유명한 '주먹 울음 짤'처럼 정말 필사적으로 입을 틀어막았던 기억이 난다.

훗날 이때 나의 담당 1진 선배들과 같이 일할 기회가 있었는데, 정말 천사 같은 분들이었다. 하리꼬미 교육의 취지에 맞게, 그리고 아마도 본인들이 혹독하게 당했던(?) 방식 그대로 위악적으로 굴었을 것이다.

나 역시 선배가 됐을 때 그때의 1진 선배들처럼 후배들을 가르쳤다. '혹시라도 다른 1진들에 비해 내가 물렁하게 굴면, 그러니까 내가 후배들을 제대로 못 가르치면 어떻게 하나' 싶은 노파심도 생겨 오디오룸에서 '아, 아' 목도 풀고 배에 힘도 주고 어떻게 '조질지' 문장을 미리 적어 연습도 했다.

요즘은 기자로서 언론사에 입사해도 하리꼬미를 돌 일이

아마도 없을 것이다. 그럼에도 만에 하나 선배가 위악적으로 군다면 '아, 저이는 과거에 저런 교육을 받았겠구나' 하고 너른 마음으로 이해해주기를 바란다.

중앙일보는 언론사 가운데 하리꼬미 강도가 낮은 데다 그 기간도 짧은 편으로 나름 명성이 높은 편이다. 보통 하리꼬미 기간은 3개월이지만, 길게는 6개월까지 교육을 실행하는 언론사도 있었다.

욕설과 고성이 기본으로 날아다니던 시절이었다. 더 시간을 거슬러 올라가면 1980~1990년대에는 언론사 내 기동팀 회의실에서 의자와 주먹이 날아다녔다는 '카더라'도 들었다. '누구는 거짓으로 출근 보고를 하다가 걸려서 반성문을 몇십 장이나 썼다더라' '누구는 1진 기자실이 있는 경찰서 정문에서 손들고 한 시간 동안 무릎 꿇고 있었다더라' 등등. 이제는 기억도 잘 나지 않는 공포스러운 이야기들이 수습기자들 사이에서 숱하게 회자되었다.

사회학을 배운 건 이런 상황에서 꽤 도움이 됐다.

'왜 이런 문화가 생긴 걸까?'

때로는 한 발짝 떨어져서 생각해보곤 했다. 내가 지금 맞닥뜨린 1진의 끝없는, 그리고 불가능해 보이는 업무 지시와 불호령의 배경은 뭘까? 지금 나를 이렇게 굴리는 이유는 뭘까? 혼자 이렇게 저렇게 고민을 해봤지만, 사실은 길게 생각할 필요도 없었다. 그냥 기사를 쓰다 보면 금방 답이 나온다. 재료가 신선하고 풍부할수록 맛있는 음식을 만들 수 있듯이, 취재하는 팩트가 다양하고 상세할수록 좋은 기사가 나온다.

'뭐, 이런 것까지 알아보래?'

속으로야 그렇게 구시렁거려도 현장에서 하나하나 부딪히다 보면 기대하지 않았던 곳에서 의외의 소득을 얻을 때가 종종 생겼다.

선배에게 혼나기 싫어서 뭘 물어볼지 가늠해보게 되고, 예상 질문들을 미리 자문자답해보게 되고, 1진 기자에게 보고하기에 앞서 최대한의 정보를 박박 긁어모으게 된다. 또 혼나기 싫으니까, 지금 눈앞의 당직 형사가 심드렁하고 무성의하게 반응하더라도 기죽어서 적당히 눈치껏 돌아 나오는 대신, 기자로서 이야기 하나라도 더 들으려고 자존심 버리고 애면글면 노력하게 된다.

2018년, 주 52시간 근무제가 도입되었다. 언론사에서도 하리꼬미가 사라졌다. 평기자가 되면 사실상 지키기 어려운 '9시 출근, 6시 퇴근'이 오히려 수습기자에게 엄격하게 적용되었다. 그러자 이제는 되레 '수습 때가 제일 편하다'는 말이 나올 정도로 상황이 바뀌었다.

욕설과 폭언은 자취를 감춘 지 오래됐다. 혹여 반성문 같은 것을 쓰라고 했다가는 아마 해당 1진 기자와 언론사가 고소를 당하기에 십상일 것이다.

하리꼬미는 사라져야 마땅했던 악습이었다고 생각한다. 과거에 일부 선생님들이 학생을 골프채나 야구방망이로 피멍이 들게 때리면서, 또는 맨손으로 따귀를 때리면서 '사랑의 매'라고 운운했던 것만큼이나 극단적인 인권 유린 사례들이 분명히 존재했으니까.

하지만 첩보 영화에서 요원들이 극한의 한계 상황에서 훈련을 받는 것과 마찬가지로 하리꼬미의 장점도 분명히 존재했다. 적어도 나는 학교라는 울타리 안에서 적당히 예의 차리고 존중만 받으면서 살아오던 삶에서, 그 어떤 상황에서도 필요한 정보를 캐내어 오는 '뻔뻔한' 기자의 태도를 빠르고 압축적으로 배울 수 있었다.

이제는 없어진 지 오래된 '언론사 악습' 가운데에는 '기수 대면식'이 있다.

예를 들어 201○년도에 ○○일보 60기로 입사했다고 가정해보겠다. 선배들은 기수별로 60기 수습기자들과 술을 곁들인 저녁 자리를 가진다. 그냥 밥만 먹는 자리가 아니다. 수습은 그날 참석한 모든 선배들의 프로필과 일거수일투족을 달달 외워가야 했다.

학교 때 무슨 동아리 활동을 했는지, 그 시절의 싸이월드 아이디가 뭐였는지와 같은 기본적인 검색은 물론이고, 인맥과 학맥을 동원해서 알 수 있는 모든 정보를 탈탈 털어가야 했다. 심지어 한 기수에 많으면 몇십 명씩이나 됐다.

수습기자가 아무리 준비를 해가도 당연히 틀릴 때도 있었고, 내용에 따라 헷갈리기도 했고, 때로는 완전히 잘못된 정보를 가져오기도 했다. 대개 웃고 넘어갔지만 위악적으로 구는 선배 기자들도 기수별로 꼭 한둘씩 있게 마련이었다.

"올해 ○○기 대면식에서 누가 울었다더라."

해마다 빠지지 않고 도는 소문이었다. 물리적 폭력은 없었지만 언어적으로나 비언어적으로나 폭력적인 분위기가 충분히 조성되었다.

안심하시라. 다시 말하지만, 지금은 하지 않는다. 그럼에도 과거 악습을 굳이 적은 이유는 있다. 기자들은 '자신이 만날 사람'에 대한 정보를 그만큼 달달 숙지하도록 훈련받았다는 점을 설명하고 싶었기 때문이다.

"○○시에서 자라셨죠? 저희 외할머니가 ○○시에 사셔서 어릴 때부터 자주 갔습니다."

오늘 처음 명함을 주고받은 취재원을 만나더라도 이처럼 매끄럽게 대화의 물꼬를 틀 수 있도록 훈련하는 것이다.

정치인이나 고위 공무원들은 고향과 출신학교 등이 공개된 경우가 많지만, 그렇지 않더라도 부단한 검색과 각종 인맥을 동원해서 최대한 정보를 수집한다. 특히 공무원들이라면 어떤 보직을 거쳤는지, 조직에서 '어떤 라인' 또는 '누구 사람'으로 분류되는지 등이 중요하다. 이런 건 검색으로는 구하지 못하는, 사람들에게만 들을 수 있는 귀중한 정보다.

나는 검찰팀에 있을 때 검사들을 기수별로 엑셀파일에 정리했다. 연도별로 어느 검찰청, 또는 법무부나 정부부처에 파견을 나갔는지 등이 한눈에 보였다. 그러면 그 사람을 만났을 때 물어볼 게 많았다.

"○○년도에 ○○ 사건 수사하셨죠?"

이렇게만 던져도 길고 긴 답변을 들을 수 있었다. 또는 특정 인물에 대한 뒷이야기를 듣고 싶을 때도 연이 있는 검사들을 찾기도 쉽다.

이런 면에서 나는 기자가 '영업직'에 가깝다고 늘 생각했다. '나'라는 상품을 팔아야 한다. 수없이 많은 기자 가운데 굳이 왜 '나'를 더 믿고 가까이 지내야 하는지 확신을 줘야 한다. 그러려면 상대에 관한 공부를 열심히 해야 했다. 어떤 점에서 내가 필요할지 쉽사리 알 수 없으므로.

최소한의 성의

'어디선가 얘기할 기회가 있으면 꼭 사례로 들어야지.'

마음속에 늘 담아두던 드라마의 한 장면이 있었다. 굵직한 사건을 취재할 때 기자들이 접근하는 방식과 너무나도 비슷했기 때문이다.

내 시선을 사로잡은 장면은 드라마 〈비밀의 숲〉 시즌 2의 한 대목이었다. 드라마 〈비밀의 숲〉 시즌 1은 황시목 검사(조승우 분)와 한여진 경감(배두나 분)이 함께 호흡을 맞춰 수사의 퍼즐을 풀어나간다. 그러나 시즌 2는 이전과 달리, 각자 몸담은 조직의 명운과 자존심을 걸고 저마다의 이해득실을 위해 충돌하게 된다.

〈비밀의 숲〉 시즌 2의 배경은 바로 수사권 조정을 둘러싼 검경 갈등이었다. 한 경감이 쥐고 있던 서류봉투에 무슨 정보가 있었는지 알아 오라는 지시를 받은 황 검사. '융통성' 없는 황 검사가 과연 그 업무를 잘해낼 수 있을지 선배들끼리 회의적인 대화를 나눈다.

"부부 사이에도 안 알려줄 것 같은데?"

과연, 이어지는 장면에서 황 검사는 경찰청사 내부에서 방황한다.

"무슨 일로 오셨어요?"

황 검사는 청원경찰의 질문에 퍼뜩 정신을 차린다.

"저도 그게 알고 싶네요."

이렇듯 중의적인 대사를 남기고는, 의심이 가는 사건들에 관한 기사를 한동안 검색하다가, 검찰청 서류저장고에서 수사기록을 한참 또 뒤진다. 그러고 나서야 늦은 시각 한 경감을 찾아간다.

후보군으로 생각하는 A 사건을 이야기하다가, "아니면 이겁니까?"라면서 B 사건을 꺼내어 보고, 또다시 C 사건을 제시한다.

그럴 때마다 한 경감은 "그런 사건이 있었구나."라고 심드렁하게 답할 뿐이다. 그 모든 게 '아니'라는 소리다. 황 검사가 다시 묻는다.

"제가 말씀드린 거에 없나요?"

조용히 눈만 꿈뻑거리는 한 경감에게 황 검사가 이어서

말한다.

"다시 찾아봐야겠네요. 아직 작년 것까지밖에 못 봐서."

이후 사건과 관련 없는, 각자의 일상과 고충을 이야기하던 두 사람은 자연스럽게 진짜 '핵심' 정보에 근접한다. 마침내 한 경감은 집에 가려고 돌아서는 황 검사의 뒤통수에 대고 확인을 해준다.

"답은 검사님이 갖고 왔어요."

부부 사이에도 안 알려줄 법한 정보를, 최소한의 힌트를 얻어내는 방법이 이 장면에 모두 담겨 있었다.

만약 황 검사가 아무런 준비도 없이 과거의 친분만 믿고 다짜고짜 찾아가서 "봉투 안에 뭐였습니까?" 같은 수준의 질문만 던졌다면? 분명 제대로 된 대답을 듣기는커녕 관련된 대화조차 나누기 어려웠을 거다.

정보를 적극적으로 제공할 수 없는 상대방에게는 최소한의 '명분'을 줘야 한다. A인지, B인지, 그도 아니면 C인지 물어보면서, 상대의 반응을 하나하나 살펴야 한다. 사건 당사자나 그의 변호인, 검사 등을 만날 때는 수없이 많은 '경우의 수'를 대비해서 공부해 가는 편이 실패 확률을 줄여준다. 물론 정답을 말해도 "확인해드릴 수 없습니다."라는 답변만 듣는 경우가 부지기수일 것이다. 그러나 똑같은 문장이라도 상대가 말하는 눈빛, 목소리, 분위기, 호흡 등을 통해 어느 정도는 유추할 수 있다.

앞서 말한 '공부'란 객관적인 사실이나 배경지식에 대한 것이기도 하지만, 그 '사람' 자체에 대한 공부도 포함된다. 황 검사가 한 경감이 겪고 있던 고충에 대해 정확히 짚어내지 않았다면 준비해 갔던 후보군 이후의 대화는 별 맥락도 소득도 없이 끝나버렸을 가능성이 높다.

두 사람, 황 검사와 한 경감은 기본적으로는 서로를 신뢰하고 있었다. 동시에 각자의 위치에서 비슷하게 겪고 있는 딜레마(조직과 선배의 부조리를 검경 갈등 속에서 드러낼 수 없는)를 안고 있었다. 그렇기 때문에 서로의 대화 속에서 정답에 근접할 수 있었던 것이다. 결국은 정보를 쥐고 있는 사람의 마음을 움직여야 하는 일이다.

검찰 고위직 출신 인사의 이야기다. 서울중앙지검 특수부장을 하던 시절, 수사가 한창이라 기자들과 일체의 접촉을 끊고 지냈다고 한다. 그러나 A 매체 기자만큼은 거절당하는 것에 아랑곳하지 않고 매일 그의 방을 찾아왔다고 한다. 방문을 두드리지도 뭘 물어보지도 않고, 그냥 검사들이 다 퇴근할 때까지 복도에 앉아 책을 읽고 있었다고.

어느 날 부장이 검사들이랑 자정 가까운 시간에 퇴근하면서 맥주 한 잔씩 하기로 했는데, 역시나 그 기자가 매일 있던 그 자리를 지키고 있었더란다. 그래서 "○ 기자도 같이 가지." 하고 술자리를 하게 됐고, 그 이후로 다른 기자들 전화는 안 받아도 ○ 기자만큼은 외면할 수 없는 각별한 사이가 됐다는 설명이었다.

다른 검사들에게도 비슷한 스토리를 수도 없이 들었다.

"○ 기자가 사건에 대해 나보다도 더 공부를 많이 해와서, 나도 몰랐던 걸 막 물어보는 거야."

그런 말을 들어도 '그때그때 물먹은 기자들의 항의를 달래느라 대충하는 말이겠지'라 생각하며 한 귀로 듣고 한 귀로 흘려왔다. 그런데 전 특수부장의 저 이야기를 듣고는 취재원의 입장에서 다시 한번 곰곰이 생각하게 됐다.

사실은 '명분'이 필요했던 게 아닐까? 내밀하게 믿고 상의할 기자가 필요했던 타이밍에, 다른 사람들에게 '그 기자는 믿어도 된다'고 설명할 만한 명분을 때맞춰 제공해줬던 게 아니었을까?

당시는 우리 회사에서도 꽤 복잡한 사건이 터져서 연일 각종 뉴스와 '지라시'에 추측성 글이 떠돌던 시점이었다. 만나는 사람들마다 진실이 무엇이냐고 물어봤다. 나 역시 소상한 내막을 아는 바가 없었다. 하지만 그때의 내가 조금이라도 알았다 해도 모른다는 대답밖에 할 수 없는 건 마찬가지였을 것이다.

기자들은 대개 '정보 보고'라는 것을 한다. 출입처나 업계 관계자와 나눈 대화 가운데 기사화하기는 어려워도 정보 가치가 있는 내용은 따로 정리해서 데스크에 보고해야 한다. 즉 상대가 아무리 친하고 막역한 기자라 해도 내가 한 말이 어떻게 텍스트로 변해 유통될지 알 수 없는 노릇이었다. 졸지에 '취재원'의 입장이 되어보니 왜 다들 그렇게 '나도 몰라'라는 말만 반복했는지 십분 이해가 됐다.

그러던 와중에 저 이야기를 듣게 되었고, 나 스스로를 특수부장에 이입하게 됐다.

한번 같이 생각해보자. 당신이 일하는 기업에 대형 사건이 터졌다. 당신은 사건의 내막을 알고 있는 몇 안 되는 사람이다. 기자들의 전화가 당신에게 쏟아진다. 무턱대고 받아서 좔좔 설명하겠는가? 혹시 속으로 '그렇다'고 생각하신 분이 있다면 말리고 싶다.

가장 먼저 지금이 적절한 타이밍인지를 판단할 필요가 있다. 기사화되는 것이 유리한지 불리한지를 따져봐야 한다. 기사화가 필요하다는 판단이 들면, 그다음에는 새로운 고민이 열린다. 어떤 매체의 어느 기자와 접촉할 것인가? 원래 잘 알고 지낸 사람이 있는 경우라면 논외일 테지만, 그렇지 않다면 쏟아지는 취재 요청 가운데 누군가를 골라야 한다. 이때는 평소 해당 매체에 느꼈던 호감도와 신뢰도에 더해, 취재 요청을 얼마나 지극정성으로 진정성 있게 했는지 등이 고려 요소가 될 것이다. 내가 한 말을 곡해하지 않고 의도대로 써줄 것이라는 믿음이 있어야 할 테니 말이다. 이렇게 취재원 입장에서 생각해보는 건 취재할 때 도움이 되었다.

가? 범행의 방식도, 가담자들의 관계성도, 변수가 엄청나게 다양하다. 그렇다면 실제 범행이 이뤄진 게 맞는지, 맞다면 단순한 개인 비리인지, 아니면 그룹 차원의 조직적인 범죄인지 등을 또다시 확인해야 한다. 이를 위해 계열사 담당 직원부터 임원과 대표까지 거치며 조사해야 할 사안이 무궁무진하다.

하지만 법조팀에 갓 들어온 기자들이 가장 많이 하는 질문은 거의 비슷하다.

"그래서 A 그룹 총수 언제 부르나요?"

애석하게도 중간 단계를 모두 건너뛰고 '누가 타깃인가'를 묻는다. 당연히 그때마다 돌아오는 답변은 한결같을 수밖에.

"수사는 누구를 목표로 하는 것이 아닙니다."

"아직 시작도 안 했습니다."

법조팀 취재를 재밌어하는지는 통상 여기서 갈린다.

'대체 저 인간은 왜 묻는 말에 제대로 된 대답은 안 해주고 늘 고압적으로 짜증만 내는 거야?'

분한 마음이 들게 된다면, 다음번에는 질문조차도 조심스러워지고 일하기도 싫어진다. 위에서 시키니까 전화도 계속하고 찾아가기도 해야 하지만, 그뿐이다. 의미 없는 대화가 반복된다. 적당히 남들 쓰는 선에서 비슷한 기사를 쓰고 퇴근한다. 적당히 '의무 복무' 기간을 채우고 법조팀을 탈출할 날만 손꼽아 기다리게 된다.

하지만 이와 반대의 경우도 있다.

'공보관도 지금 단계에서는 저 정도 답변밖에 할 수 없겠지.'

그 상황을 이해한다면, 그의 짜증 섞인 답변도 대수롭지 않게 넘길 수 있다. 그와 의미 없는 스무고개를 이어가지 않고 사건 관련자들을 찾아간다. 관련자의 변호사를 만난다. 문제 기업의 공시 자료를 분석하고, 시민단체나 회계사와 함께 허점을 분석한다. 그렇게 서투르게나마 추리를 거듭해본다.

이 과정에서는 다른 팀원들과의 호흡도 중요하다. 모두가 셜록 홈스나 명탐정 코난이 될 수 있는 건 아니니까. 혼자서만 추리하는 데에는 한계가 있다. 선후배들과 같이 각자 모아온 정보를 퍼즐 맞추듯이 공유하면서 빈 부분을 보완하고, 추가 취재할 곳들을 확장한다. 그렇게 'A인 가능성'과 'B인 가능성'을 들고 수사팀에 질문을 한다.

"확인해드릴 수 없습니다."

이쯤에는 똑같은 대답이어도 뉘앙스가 미묘하게 다르다. 턱없이 멀리 간, 완전히 헛짚은 추리라면 아무리 냉혈한 공보관이어도 "그건 진짜 아니다."라고 말해주곤 하기 때문이다 (자칫 수사 방향에 대해 기사가 완전히 잘못 나가면 수사팀도 곤란한 노릇이다).

햇수로 4년간 법조팀에 있으면서 나는 정말 운 좋게 좋은 팀원들을 만나 즐겁게 일했다. 하지만 사실 참 어려운 일인 것도 안다. 이제는 다 지난 일이니까 아름답게 추억하고 있지, 다시 법조팀에 가라고 한다면 나도 자신이 없다.

혼나면서 배우기

영상 뉴스는 '그림이 되어야 기사를 쓸 수 있다'. 그런 면에서 법조팀은 그림 만들기가 제일 까다로운 출입처 중 하나였다. 기껏해야 검찰청, 법원 외경과 드나드는 피의자, 사건 관계인, 변호사 외에 촬영할 거리가 없다. 판결문이나 수사 관계자의 말을 CG 처리로 띄워 시청자가 이해하기 쉽게 돕는 게 전부였다.

대신 주목도가 높고 급박하게 돌아가는 상황이 많다 보니, 현장에 있는 기자를 연결하거나 스튜디오로 출연시키는 일이 자주 있다. 법조팀에 간 이상 방송을 잘해야만 했다. 특히 손석희 선배는 보도국 전 부서에 엄포를 내린 상태였다. '일정 수준에 도달하지 못한 기자는 메인 뉴스 연결 및 출연을 시키지 말라'는 지시였다.

모든 재능이 그렇지만 방송 능력도 타고나는 재능이 8할이다. 내용을 숙지하고 나면 프롬프터 따위 없이도 청산유수로, 발음도 씹지도 않고, 시청자들이 듣기 편안하게 말을 이어서 잘하는 친구들이 있다.

나의 경우 발음과 발성은 비교적 정확한 편인데 카메라 앞에서 유독 긴장을 많이 하는 타입이었다. 저연차 시절엔 더 심각했다. 출연을 마치고 온 내게 모 선배가 슬쩍 물었던 기억이 난다.

"수미야, 카메라 앞에 서는 거 민망하지?"

수줍고 불안해하는 게 화면에 다 보인다면서 '공주병(?)'을 키워보라는 조언을 해줬다. 성평등 관점에서는 사용을 자제해야 하는 말이지만, 카메라 앞에서 당당하려면 평소에도 자신감에 차 있어야 한다는 뜻이었다. 타사 라디오 뉴스를 섀도 리딩(따라 읽기)도 해보고, 혼자 있을 때는 생방송 현장에 있듯이 눈앞의 현장을 묘사해서 읊어보기도 했다. 집에선 청산유수였지만 실전에선 별다른 진전이 없는 나날이 꽤 반복됐다.

2016년이었다. '정운호 법조 비리 사건'이 터졌다. 판사 출신 변호사의 수임료가 100억 원이라는 사실이 알려져 세간에 충격을 안겼다. 그런 데다 이 돈이 온갖 학연 및 지연으로 얽힌 판검사 로비 비용으로 쓰였다는 의혹이 제기된 거였다.

막연히 풍문으로만 떠돌던 '그들만의 리그'의 실체가 드러날 것인가. 당연히 국민적 관심이 쏠렸다. 거의 매일 검찰청 앞에서 연결이 잡혔다.

뉴스 시작 직전까지 수사 속보가 쏟아졌고, 타사 단독이 터져 나왔다. 그 때문에 방송 원고가 보도 시작 직전까지 끊임없이 수정됐다. 그렇게 정신없는 나날이 계속되는 가운데 연결 도중에 몇 차례 반복해서 버벅거린 날도 있었다. 바로 그날이었다. 인이어*를 빼기가 무섭게 휴대전화에 '손석희' 세 글자가 떴다. 받자마자 불호령이 떨어졌다.

"너 예독 안 했어? 오늘 왜 이렇게 씹어?"

"죄송합니다. 잘하겠습니다. 연습 많이 하겠습니다."

내내 그 말만 반복하다 전화를 끊었다.

그날 이후로는 원고 데스킹이 아무리 급박하게 이뤄져도 필사적으로 달달 외우며 숙지했다.

그다음 번 연결을 했던 날이었다. 현장 생중계가 끝나자 또다시 전화가 울렸다. 또 '손석희'였다. 뭐지? 오늘은 실수 없었던 것 같은데? 불안한 마음을 안고 전화를 받았다.

"오늘은 좀 봐줄 만하더라. 꼭 이렇게 혼이 나봐야 정신들을 차리더라고."

---

* 뉴스 부조정실과 연결하는 무전 이어폰.

이번엔 웃으며 격려를 해줬다. 채찍 뒤에 맞이하는 얼마나 달콤한 당근이었던지. 더 열심히 노력하는 계기가 되었다.

많은 기자 지망생의 질문 중 하나가 바로 이것이다.

"카메라 앞에서 떨지 않으려면 어떻게 할까요?"

그럴 때마다 내 대답은 거의 비슷했다.

"남들 앞에서 자꾸 해보고 객관적인 피드백을 받으세요."

타고난 재능이 있는 사람이 아니고서야 혼자서 방구석에서 연습하는 정도로는 결코 실력이 늘지 않는다. 객관적인 평가를 받고, 혼도 나고, 절치부심하고, 한계를 이겨내야 한다.

방송기자처럼 말하기

JTBC를 개국하기 전, 방송사 출신 경력기자를 미처 뽑기도 이전의 일이다. 총원이 50명도 안 되는 정말 조그마하던 보도국에서 나는 신문에서 하나둘씩 넘어온 선배들에게 방송용 기사 읽는 법을 가르친 적도 있다. 앞서 적었지만 사내 카메라테스트에서 '오디오가 우수해서' 개국준비팀으로 뽑혀왔던 터였다.

그 배경에는 대학교에서 참여했던 '신방연극' 연기 워크숍이 한몫했다. 신방과는 1년에 한 번씩 연극을 올린다. 나도 배우 오디션을 보기 위해 여름방학 약 3주간 워크숍에 참여했고(오디션에는 뚝 떨어졌지만), 그때 배운 복식호흡과 발성법이 큰 효과를 발휘했다.

내 몸을 풍선이라 생각하고, 숨을 들이마실 때 배를 내밀고 내쉴 때 배를 홀쭉하게 한다. 그다음에는 마찬가지로 배를 내밀고 숨을 마셨다가 내뱉을 때 '아' 소리를 내면서 숨을 실어 보낸다. '아' 소리를 공이라고 생각하고 저 멀리 던진다고 상상해보자. 보통 옆 사람과 대화할 때 말하는 게 30~50cm 정도 날아가는 공이라고 가정한다면, 뉴스 기사를 읽을 때는 오디오룸 저쪽 끝까지 1~2m 길이로 공을 던진다고 상상하고 소리를 내뱉는다.

왜 공을 멀리까지 던져야 하는지는 명료하다. 기사를 읽는 도중에 호흡이 달리지 않게 하기 위해서다. 다음의 문장을 예로 들어, 숨을 크게 들이마시고 끝까지 한 호흡에 읽어보자.

2020년부터 지금까지 190개국 200만 명 이상의 연구자들이 사용하고 있는 이 기술은 약 2억 개의 단백질 구조를 예측함으로써 질병 치료제·백신 개발 등에 큰 도움을 줬습니다.

다다다다 읽으면 숨차서 힘들기도 하거니와, 듣는 사람도 무슨 말인지 귀에 하나도 들어오지 않는다. 중간에 숨을 내뱉고 다시 들이마신 뒤 읽는 구간을 '//(더블 슬래시)'로 표시한다. 통상적으로 의미상 문장과 문장이 분절되는 곳에 들어간다.

이번엔 //를 넣어 다시 읽어보자.

2020년부터 지금까지 190개국 200만 명 이상의 연구자들이 사용하고 있는 이 기술은// 약 2억 개의 단백질 구조를 예측함으로써 질병 치료제·백신 개발 등에 큰 도움을 줬습니다.

숨을 완전히 새로 들이마시지는 않지만, 흐름상 구분을 짓기 위해 짧게 끊어주기도 한다. 바로 '반호흡 구간'인데 이곳은 '/(슬래시)'로 표시한다.
이번에는 /를 넣어 다시 한번 읽어보자.

2020년부터 지금까지/ 190개국 200만 명 이상의 연구자들이 사용하고 있는 이 기술은// 약 2억 개의 단백질 구조를 예측함으로써/ 질병 치료제·백신 개발 등에 큰 도움을 줬습니다.

숫자 앞이나 강조하고 싶은 단어 앞에는 반호흡보다는 짧지만 일반적인 띄어 읽기보다는 길게 포즈(멈춤)를 준다. 이곳은 '˘(다이어크리틱)'으로 표시한다. 정답이 있는 건 아니며, 각자 원하는 스타일대로 달라진다.
이번에는 ˘까지 추가해서 한 번 더 읽어보자.

2020년부터 지금까지/ 190개국 ˘200만 명 이상의 연구자들이 사용하고 있는 ˘이 기술은// 약 ˘2억 개의 단백질 구조를 ˘예측함으로써/ 질병 치료제·ˇ백신 개발 등에 큰 ˇ도움을 줬습니다.

이렇게 문맥에 맞게 자유자재로 끊어 읽으려면 배 안에 숨이 충분히 들어가 있어야 한다. 그래야만 숨을 조금씩, 상황에 맞게 빼내는 연습을 할 수 있다.

이와 함께 아주 간단하지만 효과가 확실한 또 다른 방법으로는 '음을 내리는 연습'이 있다. 커피숍이나 화장품 가게에서 만나는 종업원들 말투는 대개 이러하다.

"주문하신(↗) 음료(↗) 나왔습니다(↗↗)."

꼭 서비스직이 아니라도 일상생활에서, 특히 여성들은 누구에게나 친절하게 말하는 경향이 더 짙다. 그러다 보니 조사나 문장 어미를 올려서 말하는 경우가 정말 많다.

신입 기자가 바짝 긴장한 모습을 흉내 내서 화제를 모았던 주현영 배우의 SNL '주기자' 캐릭터도 같은 방식으로 말을 했다.

"그러면(↗) 질문을 드리도록(↗) 하겠습니다(↗)."

그렇다면 이번엔 화살표 표시가 위(↗)로 된 부분을 아래(↘)로 끌어내려서 한번 읽어보자. 훨씬 진중하고 어른스럽게 들린다. 앞의 예시 문장을 내가 리포트 제작 용도로 읽는다면 다음과 같이 될 것이다.

2020년부터 지금까지(↘)/ 190개국 ˘200만 명 이상의 연구자들이 사용하고 있는 ˘이 기술은(↘)// 약 ˘2억 개의 단백질 구조를 ˘예측함으로써/ 질병 치료제·˘백신 개발 등에 큰 ˘도움을 줬습니다.(↘)

방송기자가 아니더라도 공식 석상에서 신뢰감 있게 말하고 싶다면 문장의 어미만이라도 확실하게 내려서 읽는 방법을 추천하고 싶다. 아마 평소보다 무게감 있는 말투로 들릴 것이다.

"수미야, 너 이마에 혹시 뭐 상처 있니?"

JTBC를 개국하고 얼마 안 되었을 때의 일이었다. 자리에 앉아 바쁘게 기사를 쓰고 있었는데 지나가던 한 선배가 나에게 물었다. 나는 당시 이마를 완전히 덮는 '풀 뱅' 쇼트커트, 그러니까 '초코송이' 머리였다.

"꼭 가리고 싶은 흉터나 상처가 있는 게 아니면, 방송기자는 이마를 다 덮으면 안 돼."

그는 이마가 보이는 방향으로 헤어스타일을 바꾸라고 조언했다.

"아, 넵. 길러서 옆으로 넘길게요. 감사합니다!"

알겠다고 대답은 했지만, 의아했다. 내가 뭐, 앵커도 아니고 화면에 자주 나오는 사람도 아닌데, 굳이 평소에도 방송

화면을 의식해야 하나?

　하지만 선배의 말은 진짜였다. 방송 출연할 일이 있으면 방송 분장팀은 내 앞머리를 옆으로 쓸어서 이마를 조금이라도 보이게 했다. 확실히 그렇게 스타일링을 하는 편이 더 신뢰감을 주는 듯 보였다.

　결국 나는 헤어스타일을 바꿔, 평소에도 그렇게 하고 다녔다. 언제 현장 연결을 하게 될지 모르니까 말이다. 연차가 쌓일수록 나와 딱히 친하지도 않으면서 굳이 와서 오지랖을 부려준 그 선배에게 고마운 마음이 들었다. 어느덧 선배가 된 지금의 나는 앞머리로 이마를 다 덮고 다니는 후배들에게 차마 직접적인 조언을 할 용기가 없어, 그저 내가 겪었던 일화를 전할 뿐이기 때문이다.

　"앞머리를 없애라는 건 아니지만, 나는 옛날에 어떤 일이 있었냐 하면……."

　'카메라 마사지'라는 말이 있다. 화면에 자주 나올수록 조금씩 외모가 개선된다는 은어다. 카메라가 마술을 부리는 것도 아니고, 당연히 찍히는 것만으로는 아무것도 달라지지 않는다. 하지만 자기를 객관적으로 보는 경험은 중요하다. 아쉬운 부분이나 다르게 고치면 좋을 부분이 뭔지를 깨닫는 계기가 생기기 때문이다. 여기서 '객관적'이라는 말은 '혼자가 아닌 여러 사람의 의견도 중요하다'는 것을 의미한다.

　　그래서인지 방송사에서는 일반 회사였다면 무례하게 들릴 수도 있는 외모나 옷차림에 대한 조언이 꽤 흔하게 오간다. 어떤 기자든 어느 날 언제 갑자기 어떻게 화면에 나갈지 알 수 없으므로, 평소에도 시청자들에게 신뢰감을 줄 수 있는 외양을 유지해야 하기 때문이다. 남성기자들은 평소엔 편한 복장으로 다니더라도 기자실 한편에는 꼭 정장 상의와 넥타이 하나쯤은 구비한다. 나 역시 아무리 더운 여름이라도 민소매 블라우스나 라운드 티셔츠를 입은 날엔 반드시 재킷을 들고 다녔다. 헤어스타일이나 네일, 액세서리 등도 너무 튀지 않은 무난한 것이어야 했다.

　　단적인 예를 하나 들어볼까 한다. 급하게 전두환 장례식장 중계를 나가야 하는 기자가 있었다. 당시 그 기자는 하필이면 새빨간 젤네일을 하고 있었고, 워낙 급한 상황이다 보니 미처 지울 새가 없었다. 아무리 전두환이라고 해도 장례식장 취재 분위기와는 맞지 않은 것 아니냐는 지적이 나왔다.

　　기자 지망생들로부터 자주 받는 질문이 있다. 방송기자 입사 시험에 외모를 많이 보느냐와 외모가 차지하는 비중이 얼마나 높으냐는 것이다. 예쁘고 잘생겼느냐의 문제가 아니라 '방송 능력'을 본다. 어디에 떨어뜨려도 순발력 있게 중계를 잘할 것 같은 사람이라면, 다른 점수가 약간 부족하더라도 그를 충분히 상쇄할 만한 가산점을 받을 수 있다. 완성형이 아니어도 괜찮다. 심사위원들은 '성장 가능성'을 유심히 본다.

다만 방송기자 지망생이라면 카메라를 통해 자신의 모습을 녹화하고 점검해보는 것을 추천한다. 평소에는 전혀 의식하지 못했던 자신의 '말 습관'을 두 눈으로 직접 확인해야 한다. 목을 으쓱한다든지, '아' '음' '스읍' 하고 문장 사이에 불필요한 소리를 낸다든지, 과도하게 손을 많이 움직인다든지, 손가락을 주무르는 등 정말로 다양하고 불필요한 동작이 눈에 띌 것이다. 이를 없애기 위해 노력하는 것만으로도 훨씬 당당하고 매끄럽게 말하는 사람으로 보일 수 있다.

이화여고에 다니던 2학년 가을, 학교 대표로 '전국 고교생 프랑스 시 낭송대회'에 출전했다. 자크 프레베르의 시 〈어느 새의 초상화를 그리려면〉으로 결정했더니, 선생님이 포스트잇에 '프랑스문화원 ○○○'을 찾아가라고 적어주었다.

포스트잇 하나 믿고 그냥 무작정 찾아갔다. 소개받은 프랑스인 직원이 낭송하는 시를 녹음해 와서 그의 손짓부터 제스처, 표정까지 흉내 내며 연습했다. 3주 동안 수요일마다 학교 수업이 끝나면 문화원으로 가서 내가 연습했던 것을 들려주고 발음을 교정받았다.

외국어고 프랑스어과 학생들이 주로 출전하는 이 대회에서 나는 2등 격인 금상을 받았다. 대기실에서 누군가가 나에게 "프랑스 몇 년 살다 왔어?"라고 물어서, 어깨를 으쓱하며

"간 적 없는데?"라고 답한 기억이 있다.

기자 생활을 하면서 낯선 사람을 만나러 갈 때나 위축되고 긴장될 때마다 나는 프랑스문화원에 처음 갔던 날을 생각했다.

선생님이 가라고 했으니 일단 문화원 앞까지 도착하긴 했지만 '진짜 들어가도 되나?' '뭐라고 말을 꺼내야 하나?' '귀찮아하면 어떡하지?' 하며 별의별 생각을 다 했다. 차마 문을 열고 들어가지 못한 채 한동안 오들오들 떨었다. 눈 딱 감고 문을 연 뒤엔 일사천리였다. 모두가 반갑게 맞아주었다. 사실 입장 바꿔 생각해보면 나도 그렇게 했을 것이다. 해외 한국문화원에서 일하는데 현지인 고등학생이 한국어 발음 좀 가르쳐달라고 찾아온다면, 우리말을 배우겠다는 열의가 고맙고 기특하지 않을까?

취재의 대상이 되는 사람이라 해도, 처음 만나는 기자가 무조건 불편한 상대는 아닐 수 있다. 오히려 알고 있는 것을 알려주고 싶은 마음이 있을 수도 있다. 나는 상대방이 갖고 있을 호의에 대해 최대한 생각하려 애썼다.

취재원뿐만이 아니라 기자 선배들도 마찬가지였다. 나는 사소한 것도 선배들한테 정말 많이 물어봤다. 누군가 만나러 가기 전에 해당 인물을 인터뷰했던 선배가 있다면, 그가 어떤 사람인지 물어봤다. 모르는 분야에 대해 취재해야 할 때면, 해당 분야를 오래 취재했던 선배에게 먼저 의견을 물어봤다. 선배들은 대부분 흔쾌히 성심성의껏 알려주었고, 필요한 경우에는 사람도 소개해줬다. 물론 소득이 없던 때도 있었고, 묻지 않느니만 못 했던 경험을 한 적도 있었지만, 뭐 어떠한가? 어차피 '제로'에서 시작했어야 하는 일이었다. 이렇게 먼저 물어보면 절반 이상의 확률로 더 수월하게 원하는 정보에 접근할 수 있는데, 그 정도는 충분히 감수할 수 있지 않을까? 그래서 후배들에게도 늘 이야기했다.

"나를 포함해서, 선배들을 최대한 '뽑아 먹어라'."

'기자들은 공명심으로 일한다'는 말이 있다. 비슷한 표현으로 '기자는 알아주는 맛에 하는 직업'이라는 말도 있다. 비록 대기업에 간 대학 동기들보다 월급은 적더라도 '내가 쓰는 기사 한 줄이 세상의 변화에 기여한다'는 재미로 이 직업을 택한 이들이 대다수다. 내가 아는 정보를 최대한 널리 알리고 싶어하는 마음을 대부분 갖고 있다.

나는 휴직 중이었을 때도 계속 '뽑아 먹히고' 있었다. 후배들은 내가 알 법한 법조계 인사들이나 문재인 정부 인사들의 연락처를 물어왔다. 모르는 번호를 요청받으면 그때는 내가 다시 알 만한 사람들에게 수소문했다. 나도 핑곗김에 오랜만에 취재원들과 안부를 나누게 되니 손해 보는 장사는 아니다. 알아낼 때도 있고 모를 때도 있지만, 으쓱한 마음으로 후배에게 다시 연락해 그러저러한 사정을 알려줬다. 아주 기꺼이.

　　분야마다 조금씩 성향이 다를 수는 있겠지만, 사회에 이제 막 발을 내디딘 초년생이라면 선배들에게 적극적으로 물어보는 것을 추천한다. 먼저 연락하기가 너무 민망하면 '공명심'을 생각하자. 내가 필요해서 하는 연락이라도, 상대방 역시 기분 좋은 일일 수 있다는 점을 기억하자.

청와대·지검 반장이나 시경 캡 시절 후배들에게 제일 많이 했던 말을 꼽아보면 단연코 다음 두 가지가 있다.

"기사 언제 되냐?"

"쓴 데까지만 올려."

후배들이 기사 초고를 줘야 내가 1차로 수정해서 올려놓을 수 있고, 그래야 부장이 최종 데스킹을 본 뒤에 담당 기자가 기사를 읽고 편집에 들어갈 수가 있다. 따라서 늦어도 오후 5시쯤에는 내 선에서 기사들을 넘겨야 했다.

1. 오전 부장단 편집회의에서 주문했던 내용이 제대로 반영됐는지 체크하기.

2. 1분 30초 안에 들어가야 할 기본적인 요소들(흔히들 알고 있는

육하원칙에 더해서 앞으로 어떻게 될 건지 등이 들어간다) 중에 빠진 건 없는지를 체크하기.

3. 오탈자와 비문이 있으면 걸러내기.

세 가지 중에 제일 중요한 건 1번이다. 3번은 후다닥 고치면 그만이고, 2번도 부족한 게 있으면 추가 취재하면 된다.

하지만 1번에 오류가 있으면 시간이 오래 걸린다. 현장 촬영에서 중점을 두었어야 하는 포인트나 리포트에 들어가야 하는 인터뷰의 중심 내용 등이 아예 달라져 있기 때문이다. 아무래도 사람이 하는 일인지라 때로는 전달이 제대로 안 될 때도 있고, 전달은 됐는데 기자가 잘못 이해했을 수도 있고, 기자 나름대로는 해당 내용을 반영했다고 판단했으나 전체적인 기준에 미달할 때도 있다. 그런 사고를 막기 위해서는 1차 데스킹을 빨리 보는 수밖에 없었다. 조금이라도 보완이 가능한 시간대에 오류를 인지해야 바로잡을 수도 있으니까.

채용 과정에서 이미 글 좀 쓴다는 사람들로 한차례 선별한 데다, 수습 과정에서 혹독하게 교육을 한다. 그래서 대개는 초고라 해도 기본적인 틀을 갖춘 원고가 올라온다. 그리고 통상 '취재가 잘된 날' 그러니까 넣을 수 있는 정보가 빵빵하게 많은 날이나, 단독 발제 또는 기획 아이템이 탄탄하게 준비된 날은 다들 기사도 빨리 잘 써서 보내준다.

그러나 담당 기자가 기사를 무한정 오래 잡고 있는 날이 있다. 현장에서 급하게 추가 보완 취재를 해야 하는 상황이 터진 것도 아니다. 그런데도 기사를 올리겠다, 올리겠다, 계속 말을 해놓고는 함흥차사다. 이 경우 원인은 대개 두 가지 중 하나였다.

1. 기사에 담아야 할 내용을 제대로 이해하지 못했다.
2. 지시 내용을 제대로 이해(공감)하지 못했다.

1번은 복잡한 판결문이나 정책 기사를 쓸 때 이런 경우가 많다. 기본적으로 용어 자체가 복잡하고 어렵기 때문에 쉽게 풀어서 쓰려다 보면 1분 30초로는 턱없이 부족하다. 그렇다고 해서 원문을 그대로 넣는다면 이건 아예 방송기사가 아니다. 이때는 정말 다른 회사의 좋은 기사까지 필사해보면서 훈련하는 것 외에는 방법이 없다.

그러나 1번보다 흔하게 벌어지는 게 2번이다. 데스크 회의는 오전부터 열린다. 크게 굴러가는 이슈가 있는데, 타사에 '물을 먹었다'거나 '제대로 된 발제가 없는 날'이 있다. 그럴 때는 오전 회의에서 조간이나 타사 보도를 보고 대략의 기사 방향이 정리해서 역으로 해당 부서에 내려보낸다. 이때 위에서 내려온 지시 방향이 취재 담당 기자의 취재 내용과 다르거나 지향점이 다르면, 거의 무에서 유를 창조해야 하는 괴로움에 빠질 수밖에 없는 것이다.

때로는 '취재를 해봤더니 내용이 완전히 다르더라' 하는 상황도 발생한다. 이럴 경우에는 오후 회의에 제대로 보고해서 방향을 바꾸거나 기사를 빼는 것으로 상황이 정리된다.

하지만 세상만사가 깔끔하게 떨어질 수만은 없는 법. '그럴 수도 있지만 이럴 수도 있는 어정쩡한 상황'이 90%다.

담당 기자 개인은 안 쓰는 게 낫다고 생각하는 방향의 기사일지라도, 부장과 데스크 판단에 따라 끝까지 살아남는 기사가 있다. 공식 회의에서 경륜 있는 사람들이 토론하고 내린 결과이기 때문에 담당 기자라 해도 개인이 뒤집기는 사실상 불가능한 것이다. 하지만 어쨌거나 글은 글이기 때문에 필자가 납득이 안 되는 주제로는 영 진도가 나가지 않는다. 후배들이 데스크의 지시나 방향에 볼멘소리할 때마다 이 한마디를 꼭 해줬다.

"이런 귀찮은 일을 방지하기 위해서라도 취재를 잘해야 한다."

발제가 잘되면 데스크에서 '뇌피셜 지시'를 할 일도 없으니까, 우리가 먼저 선제적으로 일을 해야 한다고(후배들이 얼마나 나를 싫어했을까).

현장 기자로서의 나도 그랬지만, 1번이든 2번이든 오래 붙잡고 있는다고 해서 답이 나오는 건 아니다. 이럴 땐 그냥 마감시간 안에 최선을 다해서 기사 형식에 맞게 채워놓고, 뒷일은 데스크에게 맡겨야 한다. 데스크를 믿어야 한다. 현장 취재를 할 때는 개인사업자처럼 일하지만, 결과물을 내는 과정에서는 매번 회사 안의 '부품'임을 실감하게 된다.

물론 나도 어릴 때는 그러기가 쉽지 않았다. 기본적으로 '내 글'에 대한 자부심이 있는데 나 자신도 납득하지 못한 글을 (비록 회사 내 시스템일 뿐이더라도) 차마 공개하고 싶지 않은 마음이었다고 할까.

하지만 시간이 지나면 지날수록 알게 된다. 이 같은 협업이 내용과 형식 모두에 있어서 오류 가능성을 현저하게 줄여준다는 사실을.

3장
여성기자라서

〈심수미 당신, 지옥 갈 거야〉

2023년 여름이었다. 안면마비가 발병한 지 열흘쯤 되었을까? 회사 계정으로 도착한 메일의 제목이었다.

병가를 내고 모 대학 한방병원에 입원해 있었지만, 팀원들에게 용산 대통령실 기자단의 공지 등을 빠트리지 않고 전달해주어야 했기 때문에 업무용 카카오톡이나 메일을 수시로 체크하던 시기였다. 매일 세 번씩 얼굴 반쪽과 목, 두피에 20~30개쯤 되는 침을 고슴도치처럼 꽂고 누워 있었다. 얼굴에 멍이 가시질 않았다. 차도가 있으면 모르겠는데, 뻣뻣한 얼굴은 미동도 없었다. (통상 안면마비 발생 2~3주 정도는 염증 반응이 계속 진행되기 때문에 상태가 더 악화된다고 한다.) 코로나19 방역 문제로 병원 밖을 나갈 수 없어서 수조에 갇힌 돌고래처럼 병원 건물 내 중정만 뱅글뱅글 걸었다.

'이곳이 지옥인데요, 선생님.'

메일은 열어보지 않았지만 속으로 조용히 발신자에게 말을 걸곤 했다.

'선생님, 제가 지금 마침 지옥에 와 있어요. 소원 성취하셨네요.'

최순실 태블릿PC 보도 이후 적게 잡아도 7년 이상 욕을 먹고 살았다. JTBC가 명예훼손으로 고소했던 변희재가 구속되고 유죄 판결을 받으면서 일단락되는 줄 알았다. 그러나 욕을 하는 주체들의 정치적 지향점이 이쪽 끝에서 저쪽 끝으로 달라지더니, 2022년 전후로 다시 기승을 부리기 시작했다.

사실 '지옥 갈 거야' 수준의 문장은 꽤나 다정한 축에 속한다. 제목부터 상스러운 욕설로 시작하는 메일도 많이 받아보았다. 당연하겠지만, 이와 같은 메일은 모두 열어보지 않는다. 혹시라도 내 디바이스를 해킹하고자 악성코드라도 심었을 수 있으니까. 위협의 강도를 세게 느끼던 시절에는 〈심수미 기자님, 제보드립니다〉와 같은 제목의 메일마저 열지 않았다. 모르는 사람의 접근은 일단 경계부터 해야 했다.

박근혜 전 대통령의 지지자들이 대검, 서울중앙지검, 서울중앙지법 앞에서 연일 시위를 하던 시절엔 차라리 괜찮았다. 물론 그때도 점심을 먹으러 서초동 길거리를 걸어가다가 등 뒤에서 날 선 소리를 듣곤 했다.

"저거 심수미 아니야?"

"맞는 것 같은데?"

"야! 거기 서!"

그럴 때는 잰걸음으로 달리다시피 하며 다른 골목으로 돌아나갔다. 그래도 그들은 태극기라는 표지가 있어서 일단 피하기가 쉬웠다. 대다수가 어르신들이었으니 마음 한구석에선 약간의 안도도 있었다.

'말만 저러시지, 설마 진짜로 해치겠어?'

무엇보다도 그때에는 응원을 정말 많이 받았다. 정확한 지표로 잴 수는 없지만, 비난하는 사람들보다 박수 쳐주는 사람들이 훨씬 많다는 정도는 체감할 수 있었다. 그러니 우리 회사나 기자 개인을 향해 발산되는 태극기부대의 분노와 좌절감도 어느 정도는 감내해야 할 몫이라고 생각했다. 그러다가 전혀 예상하지 못한 시기에 예상도 못 했던 곳에서 복병을 만났다.

2017년 봄이었다. 한 중국집에서 신문·방송 동기 모임이 있었다. 수십 명이 모여 홀에서 테이블을 붙여서 먹고 있었다. 저쪽 끝에서 한 40대 후반에서 50대 초반쯤 되어 보이는 남성이 내 자리로 와서는, 팬이라고 말하며 너무나 반갑다고 악수를 청해왔다.

"감사합니다."

동기들 앞이니 민망하기도 해서 얼른 일어나 그 남성이 내민 손을 두 손으로 잡았다. 상대는 나를 거의 안다시피 하더니 내 귓가에 대고 낮은 목소리로 욕을 했다.

"그런데 JTBC 요즘 보도를 그딴 식으로 하면 안 되지, 씨이발."

순간 머리가 하얘졌다. 이게 무슨 상황인지 종잡을 수가 없어서 눈만 끔뻑거리고 있는데 그 남자가 휙 돌아서 나갔다.

'잘못 들은 거 아닌가' 싶을 만큼 황당했지만, 오랜만에 동기들이 왁자지껄 모인 자리였던 탓에 애써 놀란 마음을 진정시켰다. 자연스럽게 다른 이야기를 하며 그날 저녁은 그럭저럭 넘어갔다.

문제는 그날부터였던 것 같다.

"씨이발."

그 낮은 음성이 계속 귓가에서 맴돌았다. 구두로 욕하는 데 그쳤으니 다행이었다. 만에 하나 팬이라고 다가와서 황산 같은 걸 뿌렸다면? 칼이라도 찔렀다면? 때렸다면? 팬이라고 다가온 건 욕을 하기 위한 거짓말이었을까? 아니면 최순실 태블릿PC 보도는 응원했지만, 문재인 정부 집권 이후 일련의 정부 비판성 보도가 싫다는 뜻이었을까? 생각이 꼬리에 꼬리를 물었다. 억울하기도 했다.

2017년부터 늦여름부터 공황장애를 앓기 시작한 배경에는 과로와 수면 부족 등 여러 가지 요인이 겹쳤던 건 맞다. 하지만 나는 이때 만났던 남성도 큰 역할을 했다고 생각한다. '너, 죽일 거야' 등등의 노골적인 저주 문자, 메일, 또는 내 얼굴에서 눈동자를 파낸 사진 등을 받아도 괜찮다고 생각해왔는데. 그렇게 억지로 묻어놨던 불안감을 수면 위로 끌어올려버린 사람이었다.

이때부터였던 듯싶다. 심리상담을 받으러 가거나 정신과에 처음 방문하면 진행하는 테스트 문항들 가운데 '이런 게 왜 있지?' 싶었던 질문에 '그렇다'로 체크하기 시작했다. 예컨대 '나를 해치려는 세력이 존재한다' '나는 위험한 상태에 놓여 있다' 등.

취재를 빙자한 위협

태어나서 처음으로 경찰의 근접 경호를 받아봤다. 2017년 1월 서울 프레스센터에서 열린 '제14회 올해의 여기자상'*시상식 날, '심수미 수상 취소'를 요구하며 특정 단체들이 집회 시위를 벌였기 때문이다.

웃기는 일이었다. 당시 JTBC 특별취재팀은 '한국기자상' '관훈언론상' 등 수많은 상을 휩쓸었다. 단체로 받는 상에는 수상 취소를 요구하지 않았으면서, 내가 혼자 상을 받는 것만을 문제 삼았다. 수상자인 나도, 시상 주최도, 모두 '여자라서 만만한가?'라는 생각을 지울 수 없었다.

이날 프레스센터에는 충돌을 우려해 경찰 80여 명이 배

* 제19회부터 한국여성기자상으로 이름이 바뀌었다.

치뤘다고 한다.** 프레스센터 정문 앞에서 열린 시위에는 포
승줄에 묶인 몸에 내 얼굴을 합성한 현수막이 내걸렸다. 혹시
모를 테러에 대비해 남대문경찰서 정보과 형사들이 지하 주
차장에 미리 대기했다가 행사장까지 함께 이동해줬다. 만에
하나 복도나 엘리베이터 또는 행사장 내에서 시위대가 따라
붙게 될 경우를 대비한 행동요령 등도 안내받았다. '수상만 끝
나면 최대한 빨리 행사장을 빠져나가는 것이 좋겠다'는 이야
기도 들었다.

　내내 심장이 쿵쿵 뛰었다. 당연히 수상에 대한 기대감과
설렘도 있었지만, 나뿐만 아니라 '협회 관계자 누구 하나라도
혹시 해코지를 당하면 어쩌나' 하는 두려움도 적지 않았다.

　다행히 시상식 자체는 아무 탈 없이 무사히 끝났다. 시상
식과 겸해서 이뤄지는 여기자협회 신년하례식을 좀 더 남아
지켜보고 싶었지만, 외부에서 무전을 받은 형사가 '이만 나가
는 게 좋겠다'며 재촉을 했다.

　형사와 함께 서둘러 시상식장에서 나가 엘리베이터를 기
다릴 때였다. 한 남성이 달려들었다. 극우매체 미디어워치의
기자였다. 이런 상황을 예상하지 못했던 건 아니었다. 미디어
워치는 각종 탄핵반대 집회를 주도하며 '태블릿PC 조작설'을

** 〈최순실 태블릿 보도 JTBC 기자 포승줄 사진 내건 변희재〉, 《미디어오늘》, 2017년 1월 20일.

설파해온 곳이었다.

사실 그동안 나는 혹시라도 미디어워치 기자를 마주치게 되면 조목조목 사실관계를 짚어주며 반박하는 상상도 했었다. 그런데 악다구니를 쓰며 달려드는 남성을 보자마자 온몸이 얼어붙었다.

"여기 이렇게 들어오시면 안 되는데……."

기껏 내뱉은 말이라고는 이게 전부였다. 즉각 형사들과 남편이 남성을 제지해준 덕분에 나는 마침 도착한 엘리베이터 안으로 얼른 들어갈 수 있었다. 행사장 마이크 소리와 복도의 수많은 사람이 웅성거리는 소리 너머로 어렴풋한 외침이 들려왔다.

"조작 보도…… 내란 선동……."

엘리베이터 문이 닫히기까지 그 짧은 시간이 무척이나 길게 느껴졌다. 가슴이 쿵쾅쿵쾅 사정없이 뛰었다.

나중에 전해 듣기로, 남성은 제지하는 남편에게 "너는 뭔데?" 밀치며 사소한 몸싸움이 벌어졌다고 한다. 우리 부모님에게도 접근해 '따님의 내란 선동 혐의에 대해 어떻게 생각하느냐'는 식의 질문을 했다고 건너 들었다. 그 남성이 몰래 찍은 나의 사진과 녹취 음성은 미디어워치 유튜브 계정에 여전히 올라가 있다. '심수미 자택 주소 아시는 분' 등 위협성 댓글도 여전히 달려 있다.

이날의 경험을 증인으로 법정에 서서 진술한 적이 있다. 미디어워치의 변희재 대표가 JTBC 손석희 사장 및 구성원의 명예를 훼손한 혐의로 구속기소된 재판에서, 나는 기자로서 겪었던 피해 사실을 털어놓았다. 연로하신 부모님과 어린 조카들이 혹시라도 해를 입을까 봐 공포스러웠다고 말했다.

그러나 미디어워치의 변 씨 등은 JTBC 손 사장 자택 침입 시도 등 위협을 가한 행동에 대해 '정당한 취재 활동'이었다고 주장했다.

재판부는 내게 '기자로서 이러한 주장을 어떻게 보는지'에 대한 의견도 물었다.

"물론 저희도 취재원이 만나주지 않을 경우 집에 찾아가는 경우가 있기는 합니다. 하지만 그전에 충분히 취재 요청을 하고, 응답이 없더라도 문자나 메일로 질문지를 보내는 등 합의하에 만나기 위한 노력을 기울입니다."

나는 대답했다. 이어서 '변 씨 등은 우리 측에 그러한 시도를 하지도 않았거니와, 일찌감치 거리에 나가 확성기를 들고 태블릿PC 조작설 등의 음모론부터 퍼트렸는데, 과연 정상적인 언론사의 행태로 볼 수 있는지 의문'이라고 대답을 이었다.

취재차 방청석에 앉는 게 아닌, 법정 안쪽에 직접 선 건 처음이었다. 사정없이 가슴이 뛰었고 몇 차례 과호흡이 올 뻔도 했다. 그러나 따듯하게 고개를 끄덕이며 경청해준 재판부 덕분에 무사히 발언을 마칠 수 있었다.

JTBC 보도와 구성원에 대한 악플러들의 공격이 도를 넘어섰다. 마침내 회사에서는 증거를 수집해 고소에 들어갔다. 그중에는 나에 대한 성적인 음담패설 및 모욕적인 글과 합성 영상 등도 있었다. 고소를 주도한 손용석 팀장은 내가 일부러 게시물을 직접 캡처하지 않아도 되게끔 나의 정신 건강을 배려해주었다. 지금도 무척 감사하게 생각한다.

그리고, 그때도 궁금했고 지금도 궁금하다. 왜 같은 팀의 남성기자들은 이런 일을 당하지 않는데, 나만 표적이 된 걸까? 여성을 성적으로 활용하면 클릭을 유도하기가 쉬워서?

JTBC에서 고소를 준비하던 2017년에, 국정원 정치개입 의혹 수사 과정을 보며 문득 그런 생각을 한 적도 있었다.

'여성을 성적으로 모욕하는 건 전통적인 전략인가?'

2008년, 미국산 소고기 수입 반대 집회 이후 MB정부의 국정 지지율이 바닥을 찍었다. 그러자 국정원은 국면 전환을 꾀하기 위해 이른바 '좌파 연예인'에 대한 흠집 내기 여론전에 돌입했다. 공개적으로 진보 성향을 드러낸 여성 배우에 대해 또 다른 진보 성향 남성 배우와 불륜 관계라며 합성 사진을 만들고 온라인 게시판에 글을 올렸다. 공식적으로 국정원 내부 지시와 보고 체계를 거쳐 이뤄졌던 여론공작이었다.

그 조악한 나체 합성 사진을 보며 나에 대한 게시물들을 떠올렸다. 국정원 공작까지는 알 수 없지만, 나에 대한 비방 글도 어디선가 멀쩡하게 교육받고 잘 먹고 잘사는 누군가의 작품이겠지?

여성 후배들에게 겁을 주고 싶은 마음은 없다. 하지만 이 점을 늘 염두에 두었으면 한다. 남성과 비교할 때, 여성은 온라인이든 오프라인 대면이든, 일하는 중에는 언제 어디서든 성적 대상화나 희롱의 표적이 될 가능성이 훨씬 높다.

2019년에는 광화문에서 조국 법무부 장관의 사퇴를 촉구하는 보수단체 집회를 취재하던 JTBC 여성 영상기자가 시위대로부터 성추행을 당했다. 시위대가 취재진을 에워싸고 신체 일부를 손으로 때리고 욕설을 퍼부었다고 한다.

2011년에는 이집트의 민주화 시위를 취재하던 미국 CBS 기자 라라 로건이 시위대로부터 성폭행과 구타를 당했다. 그와 비슷한 사건이 먼 나라가 아닌, 바로 한국에서 불과 몇 년 뒤에 버젓이 벌어졌던 것이다.

사실 공개적인 장소가 아닌 소규모로 만나는 취재 자리에서 상대방의 부적절한 언행이나 접촉은 생각보다 빈번하다. 악수를 하는데 손가락으로 손바닥을 긁는다든가. 전혀 예상하지 못한 때와 장소에서 '이걸 문제를 제기해야 하나, 말아야 하나' 싶은 순간을 마주한다.

'선을 넘는다' 싶은 순간에는 녹음이나 녹화를 해두는 것이 가장 좋다. 하지만 상황적으로 여의치 않을 땐 소상하게 일기라도 적어두자. 또한 지체 없이 가까운 선배나 동료에게 상의하고, 사내 노동조합 등 공식 채널의 문을 두드리는 것도 추천한다.

혼자서 마음고생을 하다가 혹시라도 시간이 지난 후에 문제 제기를 하게 되면 상대방은 도리어 '증거가 없지 않느냐'라며 큰소리를 치기 십상이다. 이럴 경우, 사건 직후 고충을 털어놓았던 흔적은 큰 도움이 된다.

누군가 "하우 아 유?" 하면 "아임 파인, 땡큐."가 반사적으로 튀어나오는 것처럼, 상대가 말도 안 되는 소리를 해대면 당차게 대응할 문구도 두어 개쯤은 연습해두는 편이 좋겠다.

나도 그렇게 똑똑하게 대응하지 못했기 때문에 하는 소리다. 애석하게도 당황했을 때의 방어기제가 '웃음'인 나는, 불

쾌한 말을 듣고도 못 들은 척하며 서둘러 그 자리를 피할 뿐이었다. 그리고 집에 가는 길에 친구들에게 한탄하고 혼자 욕을 하며 '이불 킥'을 했다.

아까 이렇게 말할걸! 저렇게 쏴붙여줄걸!

2025년 대선 국면에 남을 설화(舌禍)는 여럿 있지만 그중에서도 함익병 개혁신당 공동선대위원장의 한마디가 기억에 남는다.

"50대 이상의 남성 중 룸살롱에 안 가본 사람은 없다."

윤석열 전 대통령의 내란 우두머리 혐의 사건을 맡은 지귀연 서울중앙지방법원 부장판사가 이른바 '룸살롱 접대'를 받았다는 의혹에 휩싸이자, 이를 두둔하며 한 말이었다.

이 발언 자체가 논란이 되는 모습을 보면서 '아, 나도 참 옛날 사람이다'라는 생각이 들었다. 저 사람이 왜 저런 말을 하는지 이해 안 되는 바가 아니었기 때문이다. 20대 시절에 나는 내가 주로 만나야 하는 남성들의 그런 문화에 어떻게든 적응하려고 기를 썼다.

"나는 룸살롱에서 내가 아가씨 '초이스' 해주잖아."

2009년 말 일간스포츠에 입사했던 직후에 들었던, 한 여자 선배의 말이었다. 영화계와 가요계 굵직한 관계자들 모임은 대부분 룸살롱에서 이뤄지는데, 그 자리에 본인은 자주 동석한다는 일종의 과시였다.

비단 엔터테인먼트 업계만의 일은 아니었다. 2016년 김영란법[*]이 등장하기 이전에는 정말 많은 회식과 모임의 2차, 3차가 룸살롱에서 이뤄졌다. 비단 술 한 병에 수백만 원씩 하는 비싼 유흥업소가 아니더라도, 간이 칸막이로 나눠진 테이블에 여성들이 술을 따라주는 '카페' 문화도 흔했다.

"여자들은 일찍 들어가."

회식 때면 종종 듣는 말이었다. 나는 여자들을 집에 돌려보내고 열릴 '그들만의 리그'에서 소외되고 싶지 않았다. 그래서 가능한 한 열심히, 끝까지 그 자리에 남았다. 심지어 '카페'에서 모인 취재원과 제보자들의 자리에 동석했을 때는 이런 말마저 들었던 적도 있었다(그들 옆에 여성들이 한 명씩 앉아 있었다).

"우리 덕분에 좋은 기사 쓰게 됐는데, 술값은 심 기자가 내는 거지?"

<hr>

● 부정청탁 및 금품 등 수수의 금지에 관한 법률.

아마도 한참 나이 어린 나를 놀리려고 했던 말이었을 거라 생각한다. 하지만 나는 화장실에 가는 척을 하며, 정말로 80만 원가량 했던 술값을 내고 자리로 돌아왔다.

돌이켜 보면 언제나 불편했다. 반드시 유흥업소였던 것도 아니었다. 한정식집이나 참치집 등 일반 식당에서도 여성 종업원을 상대로 현금 팁을 찔러주며 성적인 접촉을 하는 중장년 남성 취재원들은 흔했다.

볼 때마다 뜨악했지만, 매번 아무렇지 않은 척하며 자연스럽게 대화를 이어나갔다. 그냥 90년대 한국 영화에서 흔히 봐왔던 풍경이라고, 지금 이 순간도 한국 현대 생활사의 미시적인 단면일 뿐이라고, 지금 내가 느끼는 감정과는 분리해서 생각하려 애썼다. 그리고 열심히 술을 마셨다. 대학교 때 겉멋으로 잠깐 피웠다가 끊었던 담배도 일부러 한 갑씩 갖고 다니면서 흡연자 취재원들을 만날 때면 꼭 흡연장에 따라 나가 같이 물기도 했다. 남성들의 문화에 이질감 없이 녹아들기를 원했다.

그렇게 쌓은 인맥들이 크고 작은 단독 기사를 쓰는 데에도, 또는 물먹었을 때 빠르게 '반까이' 하는 데에도 도움을 줬던 건 부정할 수 없는 사실이다. 그러니 후회하지는 않는다.

다만 먼저 경험한 사람으로서 단연코 조언할 수 있다. 나와 비슷한 고민이 있는 후배가 있다면, 결코 그렇게까지 애

쓰지 않아도 된다. 이제는 시대가 많이 달라졌다. 룸살롱(또는 유사 유흥업소)은커녕 기자와 취재원의 술자리 자체도 많이 줄었다.

그럼에도 우리 사회가 '중년 남성' 위주로 돌아가는 건 여전한 현실이다. 한국의 여성 관리직 비율은 17.5%, 국회의원 중 여성 비율은 20%[•]로 OECD 회원국 가운데 하위권에서 맴돌고 있다. 기자들이 만나야 하는 핵심 취재원 가운데 여성의 비율은 5분의 1 수준도 되지 않는다는 소리다.

여전히 상황이 이렇지만, 방법을 찾아내는 여성 동료와 후배들이 있다. 남들보다 먼저 취재원을 만나고 부지런히 전화를 돌려 좋은 기사를 발굴해내는 것이다. 2026년 현재 안면마비 후유증을 앓고 있는 나도 새로운 문법을 익혀가는 중이다.

• 한국여성정책연구원, 〈여성 대표성 관련 성인지 통계 주요 내용〉, 2025년.

선배의 지시에 용기 내어 반대 의견을 개진했던 적이 한두 번은 아니지만, 그중 '여성기자'와 관련하여 유독 기억에 남는 일화가 있다.

검찰의 압수수색(압색) 대상이 된 피의자의 회사, 자택 등에 수습을 갓 뗀 신입 기자 몇 명을 나눠서 보냈다. 팀장이 그중에 한 여성기자로부터 '겁에 질린 목소리의 보고를 받았다'고 말했다. 양팔에 문신한 건장한 남성(피의자 가족)이 나가라면서 윽박지르고 있다는 거였다. 혹시라도 불미스러운 일이 발생할까 봐 걱정이 됐던 팀장은 '당장 철수하라'고 지시하고는, 나에게는 별도의 지시를 추가했다.

"앞으로 여자애들은 압색 현장에 보내지 마."

'현장에서 위험한 기미가 있을 때 철수하는 것'과 '아예 취재 기회를 주지 않는 것'은 완전히 차원이 다른 문제였다. 당연히 과도한 제약이라고 생각했다.

"선배, 그러면 여성기자들은 앞으로 중요한 취재에 나갈 기회를 원천 봉쇄당하는 거나 다름없는데요. 혼자도 아니고 영상기자나 오디오맨 등 취재 일행도 같이 다니는데, 그렇게까지 하실 필요는 없을 것 같습니다."

가뜩이나 기자 채용 과정부터 '남자 선호' 경향이 공공연하게 퍼져 있는 마당이었다. 취재 현장에서까지 여성기자의 활약을 축소하게끔 막아놓을 수는 없는 노릇이었다.

정확한 통계로 입증할 수는 없지만, 나는 언론사의 채용 과정은 명백히 여성에게 불리하게 '기울어진 운동장'이라고 생각한다. 신입기자 채용 절차에 직간접적으로 관여했던, 각기 다른 회사 다른 선배들로부터 똑같은 문장을 숱하게 들어왔다.

"점수로만 줄 세우자면 여자들만 뽑아야 해."

일선 부서에서는 남성기자를 더 많이 원하니, 어떻게든 남자 지원자들에게 좋은 평가를 줘서 다음 전형으로 '밀어 올린다'는 뜻이었다.

기자들이 공식적으로 문제를 제기한 사례가 2021년 국민일보에서 나오기도 했다. 30기 수습기자 공채에서 취재기자 다섯 명이 채용됐는데, 그 가운데 여성은 단 한 명뿐이었다.

그러나 지원서류를 제출한 응시자의 성비는 여성이 남성의 두 배였고, 필기시험을 본 1차 서류 통과자의 여성 비율은 그보다도 더 높았다고 한다. 이에 국민일보 여기자회와 전국언론노동조합 국민일보 지부는 성명을 냈다.

"1차 전형까지 1대 2를 넘었던 남녀 구성비가 최종 결과에서 4대 1로 역전된 극단적인 결과를 납득할 이는 많지 않다."

2000년대 초반 9명 중 1명꼴이었던 여기자 비율*은 그나마 2020년대 들어 3명 중 1명꼴(31.97%)로 늘어났다.** 하지만 언론사 고위 간부들의 남녀 성비를 따져보면 이보다도 훨씬 낮아진다. 32개 언론사 가운데 여성 임원의 비율은 5.92%, 국장·실장·본부장은 14.09%에 그친다.***

단순히 성별 간 '자리 싸움' 차원의 문제가 아니다. 각 언론사의 그날그날 의제 선정이나 데스킹 과정에서 여성의 입장이 축소되어 반영될 수밖에 없다. 그렇게 남성 편향적인 의제와 메시지가 우리 사회에 재생산되고 있다.

내 레드카펫은 내가 깐다

2022년 여름 '시경 캡'이 됐다. 정식 직책은 아니지만 언론사 내에서는 무척 중요한 자리다. 서울 시내 경찰서를 출입하는 사건 기자들을 지휘한다. 사건사고가 터지면 가장 먼저 투입될 뿐만 아니라 캘린더성 기획물(예를 들면 장마, 폭염, 혹한, 폭설 등)도 미리 준비해서 큐시트의 '범퍼' 역할[*]을 해낸다. 회사마다 팀 규모는 다르지만, 방송사는 대체로 10명 안팎으로 어지간한 부서 규모의 팀원들이 있다. 대부분 저연차가 많아서 팀원들을 교육하는 역할도 함께 부여된다. 팀장들 중에서는 연차가 낮지만 그에 반해 하는 일이 많기 때문에 '언론사의 꽃'으로 불리기도 한다.

[*] 매일 흥미로운 기사가 넘쳐나는 게 아니기 때문에, 아이템이 부족한 날을 대비해서 시기적절한 뉴스를 미리 준비해둔다는 뜻이다.

이 역할의 중요성을 단적으로 보여주는 게 '캡 차'다. 제 아무리 정치부장, 사회부장이어도 회사가 출퇴근을 시켜주지는 않는다. 그러나 캡만큼은 대부분의 언론사가 전담 수송차량과 운전형님을 배정해준다. 보도국장 정도는 되어야 누릴 수 있는 엄청난 호사다(우리 회사는 언젠가부터 '캡 차'가 사라져서 나는 해당되지 않았다). 동기 중에는 "기자가 된 이상, 부장은 못 해도 캡만큼은 하고 싶다."고 말했던 친구도 있었다.

나는 원래 캡에 대해 별다른 생각이 없는 편이었다. 내가 취재를 잘해서 직접적인 퍼포먼스를 보이는 걸 좋아했기 때문이다. 굳이 여러 팀원이 고루 성과를 낼 수 있도록 지휘해야 하는 막중한 책임을 떠맡고 싶지 않았다. 그렇지만 사내 인사란 것이 내 뜻대로 흘러갈 리는 없는 법이다.

문재인 정부 말기로 접어든 2021년이었다. 나는 내심 국회로 적을 옮기고 싶었다. 청와대만 햇수로 4년째 출입했으니, 더 연차가 쌓이기 전에 그리고 본격 대선 시즌이 시작되기 전에 국회팀으로 가고 싶었다.

하지만 나는 당시 〈뉴스룸〉 개편과 함께 신설한 '심층취재기자' 가운데 한 명으로 선발됐다. 이미 위에서 몇 명 찍어서 통보한 형국이라 저항하고 자시고 나의 의견이 반영될 여지는 없었다.

"각자 하고 싶은 거 아무거나 다 해."

추상적인 지시가 내려왔다. 그러나 누군가는 또 이렇게 말했다.

"1년에 아주 센 거 한두 개만 써."

또 다른 누군가는 또 다른 말을 했다.

"누가 그런 소리를 해? 발제해야지."

그전에는 탐사팀, 기동팀, 법조팀에서 크고 작은 단독을 써온 기자들이었다. 각자 단독을 터트리기까지는 기자의 개인기를 발휘해 혼자서 제보를 물어온 경우도 있었지만, 대부분은 여러 팀원과 같이 머리를 맞대고 각자 취재해온 내용을 조합해서 더 키워가고 발전시켜온 과정이 있었다. 그런데 갑자기, 그냥 밑도 끝도 없이 "단독 가져와."라는, 기사화 시기와 방식조차 불분명한 지시가 떨어진 것이었다. 심층취재기자로 선발된 우리 넷은 어안이 벙벙한 상태로 우왕좌왕하며 몇 달을 보냈다.

그러다가 얼마 뒤인 2022년, 나는 지방선거와 대선을 앞두고 꾸리는 선거 TF에 또다시 차출됐다. TF가 끝나면 드디어 국회팀에 가겠거니 생각하고 있었는데, 그다음에는 〈뉴스룸〉 개편과 함께 신설되는 '코멘테이터'를 하라는 지시가 내려왔다. 취재와 방송을 분리해서, 현장에 나가지 않고 일선 기자들이 취재한 내용을 종합해 〈뉴스룸〉에서 출연만 전담하라는 지시였다.

약 1년 6개월 사이에, 세 차례나 연속으로, 나의 의지와 상관없이 인사가 내려오는 형국이었다. 원래 인사에는 크게 저항해본 적이 없었지만, 이쯤 되자 나도 그저 가만히 있으면 안 되겠다는 생각이 들었다.

"하고 싶다고 할 수 있는 자리가 아닌 줄 알지만, 혹시 고려해주실 수 있다면 저는 시경 캡을 하고 싶습니다."

이미 내 남자 동기들이 두 명째 캡을 하고 있는 상황이었다. 통상 기수대로 시경 캡이 내려가기 때문에, 그다음 캡은 우리 아래 기수가 하는 게 맞았다. 같은 이유에서, 이때를 지나버리면 영영 못 하게 될 자리니까 '어차피 못 할 거 일단 말이라도 해보자'라는 마음이었던 것 같다. 나를 자꾸 개편의 시험 대상으로만 놓지 말고 언론사의 상징적인 자리에 앉혀달라는 일종의 시위성 요구이기도 했다. 내가 왜 그 업무를 잘할 수 있는지, 얼마나 회사와 후배들을 사랑하는지, 그래서 캡이 된다면 회사에 어떤 기여할 것인지 등을 열심히 설명했다. 이렇게 용기를 낸 배경에는 이경란 선배의 조언도 한몫했다.

"수미야, 네 레드카펫은 네가 까는 거야. 아무도 너를 위해 대신 깔아주지 않아."

일간스포츠 최초의 여성 편집국장을 거쳐 계열사 대표까지 올랐던 입지전적인 인물이었다.

"욕심부린다고 욕먹지 않을까요?"

선배는 소맥을 시원하게 들이켜고 대답했다.

"수미야, 네가 욕심을 안 부린다고 해서 욕 안 먹을 것 같아? 어차피 욕할 놈들은 이미 다 하고 다니고 있어. 나는 욕 안 먹었게? 내가 별것도 아닌 채로 가만히 있었으면 만만하게 보고 더 욕했을 거야. 그리고, 욕 좀 먹으면 어떠니? 네가 아무 소리 안 하고 가만히 있으면, 네가 뭘 하고 싶어하는지 다른 사람들은 아무도 몰라."

태어나서 처음 들은 종류의 조언이었다.

'내 레드카펫은 내가 깐다.'

이런 말을 해주는 선배가 있다는 것 자체가 감사했다. 한국 사회는 '야망'을 자칫 드러냈다가 '나댄다'고 욕먹기 십상이니까. 다들 '눈치껏 잠자코 있자' '찍히지만 말자'라고 생각하며 살고 있으니까.

그런 통념을 선배가 뒤집어줬다. 물론 요구를 한다 해도, 원하는 대로 인사가 이뤄지기는 어렵다는 걸 알고 있다. 그럼에도 불구하고 안 될 것이 뻔해도 계속해서 이야기해야 하는 까닭은 명확하다. 인사권자에게 내가 '그것'을 얼마나 간절하게 원하는지를 드러낼 필요가 있었기 때문이다. 결국은 다 사람이 하는 일이다.

나 역시 처음에는 처참하게 거절당했다. 국장으로부터 대표 주재 회의 결과라며 이렇게 통보를 받았다.

> 1. 심수미 기자의 생각과 열정은 충분히 공감하고 존중.
> 2. 그러나 〈뉴스룸〉 제작국 내 심수미 역할 필수적. 그간 고생하고
>   기여한 바가 크나 회사가 위기이고, 제2의 개국에 버금가는 개
>   편인 만큼 조금 더 '헌신'해주기를 바람.

'언제까지 헌신만 하라는 것이냐' 하며 한숨을 푹푹 쉬었다. 그러나 2022년 늦여름, 보도국 인사가 바뀌고 기존의 개편안이 모두 무산되면서 나는 진짜로 캡이 되었다.

일종의 〈서동요〉 효과가 아니었을까? '캡이 되고 싶다'고 노래를 불렀더니 은연중에 인사권자의 기억에 남아 있었던 것 같다. 회사 안팎으로 정말 많은 사람에게 축하를 받았다.

멸종위기종을 보호하는 마음으로

그러니까, 나는 모든 여성 언론인들이 직장인으로서의 자기 자신을 더더욱 소중하게 생각하면 좋겠다. 멸종위기종을 보호하는 마음으로, 더럽고 치사해도 끝까지 조직에서 살아남기를, 그리고 영리하게 사내 정치도 활용하면서 높은 곳까지 올라가기를 바란다. 그렇게 승승장구하면 좋겠다.

'강한 자가 살아남는 게 아니라 살아남는 자가 강하다.'

마치 이 말처럼, 살아남자. 어렵게 들어왔으니 우리는 살아남아야 한다.

평판에 신경을 쓰자. 어느 직장이든 구성원들에 대한 평가와 뒷이야기는 성행하지만, 언론계는 특히 심하다.

기자들의 직업병 중 하나는 언제 어디서 누구를 만나든, 어떤 상황을 마주하든 '야마*를 뽑는다'는 것이다. 당신이 누구와 일을 하든, 그 선배가 당신의 업무 태도에 대해 뽑은 '야마'가 구전으로 전파될 가능성은 99%다.

특히나 반복해서 말하지만, 기자는 남성 비율이 더 높은 조직 속에서, 남자들이 더 많은 취재원 속에서 일을 한다. 여자들은 아주 쉽게 대상화되고 입방아에 오른다. 잘한 일은 '여자라서' '(남자)취재원들이 (여기자를) 좋아해서'라고 폄하되기 십상이다. 반대로 못한 일은 최소한 두세 배 덧붙여지고 부풀려져서 소문이 난다.

그래도 너무 어렵게 생각하지는 말자. 기본에 충실하면 된다. 선배들은 '완성형 기자'를 원하지 않는다. 처음부터 그런 사람은 없다. 출근하라는 시간에 출근하고, 메모, 자료, 기사 등 위에서 주문한 업무를 제시간에 구성요건을 맞춰서 보내고, 못 보낼 사정이 있었다면 빠르고 솔직하게 사유를 보고한다. 회사에 갓 입사한 기자라면 이 세 가지만 잘해도 '그 친구 똘똘하더라'라는 평을 들을 수 있다.

글로 쓰면 쉬워 보이지만, 사실 세상일이란 늘 예상을 벗어나게 마련이다. 일을 하다 보면 자의든 타의든 미진한 부분이 생길 수밖에 없다. 이 중에서도 '사유를 보고한다'가 제일 중요하다고 단언할 수 있다. 왜 늦었는지, 왜 위에서 시켰던

● 주제, 핵심, 요지(要旨) 등으로 순화해서 쓸 수 있는 언론계 은어.

메모, 자료, 기사가 아직까지 보고할 수준으로 완성되지 못했는지, 사유가 발생한 즉시 보고만 제대로 해도 괜찮다.

기자들은 마감시간 내에 필요한 기사를 생산하기 위해 움직인다. 누군가 '펑크'를 내면 그 펑크를 누가 대신 메꿀 것인가, 아니면 아예 버릴 것인가 빠르게 판단을 내려야 한다. 당사자가 보고를 해야 해결할 수 있는 일이다. 별다른 보고도 없이 일체의 예측마저 못 한 상태에서 있어야 할 자리에 없거나, 주어진 업무를 하지 않아버린다면 시킨 사람으로서는 대처할 방법이 없으니 가장 곤란하다.

"왜 애를 안 낳아요? 정말 궁금해서 물어보는 거예요."

저출산 대책을 고심하고 있다던 정부 당국자는 기자들을 만난 자리에서 천진한 얼굴로 말했다. 인구 감소 추세를 조금이라도 개선할 정책을 빨리 만들어내야 하는데, 도무지 요즘 사람들이 왜 아이를 안 낳는지 이해할 수 없다는 말이었다.

"나는 태어나서 제일 잘한 일이 우리 아들을 낳은 거예요."

그 말을 하는 자신도 공부하고 일하느라 바빠서 정작 아이는 어머니가 대신 키워주셨다고 말을 했다. 그러나 아기가 성장하는 과정을 보는 매 순간이 얼마나 행복했는지 모른다며, 일단 낳아보면 알 거라는 말도 이어졌다.

"아기 예쁜 걸 누가 모르겠어요. 하지만 출산을 준비하고, 임신하고, 육아휴직하면, 이 기간만 최소 2년가량은 업무 공백이 생기는 셈이잖아요. 하지만 저는 남자 동료들보다 뒤처지는 게 너무 싫어요. 저한테도 아이를 대신 낳아주고 키워줄 와이프가 있으면 좋겠어요. 그럼 세 명도 낳을 것 같네요."

웃으면서 말을 했더니 농담인 줄 알았나 보다. 그는 다시 물어봤다.

"정부가 돈을 주면 낳을 것 같아요? 얼마나 주면 낳을까요?"

나는 이 질문을 들으며 거대한 벽 앞에 서 있는 듯한 답답함을 느꼈다. 키울 돈보다 직업인으로서 생존을 위협받으니까 안 낳는 거라고요!

공포영화 같다는 생각을 자주 했다. 등장인물 가운데 여자들만 하나둘씩 어느 날 갑자기 사라지는 공포영화. 한창 바쁘게 일하던 여자 선배들은 출산과 육아로 자리를 비웠다.

굳이 출산휴가와 육아휴직이 아니더라도 어느 순간 자리에서 사라지는 여자 선배들을 많이 봤다. 난임 시술을 위해서, 육아를 위해서, 상대적으로 덜 바쁘고 덜 빛나는 부서와 직책으로 자의 반 타의 반 옮겨가는 모습들을 봐왔다. 커리어 면에서 더없이 좋은 제안을 받았지만, 아이와 함께하는 시간을 뺄 수 없어 거절하는 경우도 봤다. 육아를 이유로 회사를 그만두는 경우도 자주 보았다.

출산 경험이 없었으니, 나는 그저 안타까웠다. 아이를 낳았다는 이유로, 또는 낳고 싶어한다는 이유로, 사회에서 존재감이 흐려지거나 직장에서 사라지는 남성은 없었으니까.

그래서 '아기를 왜 안 낳느냐'는 질문을 받을 때마다 나는 늘 같은 대답을 해왔다.

"마흔쯤 되면 생각해보려고요."

'아이를 안 낳겠다'고 대답하면 무슨 잔소리를 더 들을지 모르니 가능성을 열어두었다.

"애를 낳고 싶은지 아닌지 확신이 없어서요. 가임기의 막바지까지 더 생각해보고 그때 낳고 싶으면 난임 시술을 받죠 뭐."

하지만 내심 안 낳고 싶다는 마음이 80%였다. 나 하나 건사하기도 바빠 죽겠는데, 애는 무슨.

당장 해내고 싶은 그날그날의 목표가 층층이 쌓여 있었고, 아직 이루지 못한 꿈도 줄줄이 기다리고 있었다. 아기는 그 꿈을 이루지 못하게 됐을 때 낳아도 늦지 않다고 생각했다.

그런데 안면마비가 정확하게 한국 나이로 마흔 살이 되던 그해에 발생했다. 좋다는 병원을 부지런히 예약해 치료를 받았다. 하지만 6개월이 지나도록 눈꺼풀이 끝까지 닫히지 않았고, 매일 밤 나는 테이프를 붙이고 잠들어야 했다.

'이 얼굴로 방송기자를 계속할 수 있을까?'

층층이 쌓여 있던 모든 목표가 녹아 사라졌다. '어차피 안 되겠네'라는 마음과 '그거 다 한들 무슨 소용인가' 하는 마음이 공존했다. 내가 그동안 서 있을 수 있도록 지지해준 토양이 그제야 눈에 들어왔다. 내가 딛고 있는 지반, 가족, 나의 울타리가 한층 단단해야겠다는 생각이 들었다. 곧바로 난임 병원을 예약했다.

운 좋게도 시험관에 성공해서 2024년 12월에 아기를 낳았다. 과연 듣던 대로, 10배 힘들고 100배 행복하다. 너무 귀엽다. 이럴 줄 알았으면 그냥 일찍 낳을걸!

하지만 시간을 돌려 30대로 돌아간다 해도 나는 덥석 임신과 출산의 길로 들어서지는 못할 것 같다. '안면마비'라는 더 크고 직접적인 공포가 닥쳤기에, 그 막연하고 거대했던 '출산 이후의 삶'에 대한 불안감을 내려놓을 수 있었다. 공포나 불안의 감정을 앞뒤로 잴 필요 없이 마음 놓고 임신과 출산할 수 있는 날이 오긴 올까?

한 가지는 확실하다. 지금처럼 남녀 공히 근로시간이 절대적으로 긴 나라에서 '돈 주고 휴가 줄 테니 여자들아, 집에서 애 낳고 길러라' 하는 식으로, 여성에게만 돌봄 노동을 전가하는 방식으로는 절대 해결되지 않을 것이다.

아기가 주는 행복감과 별개로, 직업인으로서 나의 자아는 여전히 공포영화 속에 놓여 있다.

아기를 봐주러 엄마가 집에 며칠 와 계셨다. 엄마와 침대에 나란히 누워 도란도란 이야기를 나누다가 이게 몇 년 만인지를 꼽아봤다. 재작년 엄마가 폐암으로 의심된다는 진단을 받고서 절제수술을 받았던 이후로 처음이었다.

엄마는 유난히 그 수술을 받고 싶지 않아했다. 몇 해 전 갑상샘암과 대장암 수술을 연이어 받고 거의 완치 판단을 받아갈 무렵이었다. 이 시점에 또다시 다른 장기에서 발병했다는 진단을 들으니 더욱 좌절감이 큰 것으로 보였다.

대형 병원 여러 곳에서 진료를 받았지만, 의사들은 한결같이 사진으로 봤을 때 '의심'될 뿐, 조직검사를 하기 전에는 실제로 암인지의 여부를 알 수 없다고 말했다. 엄마는 암이 아닐 가능성에 기대를 걸고 절제하지 않기를 원했다. 하지만 나는 혹시라도 암일 가능성을 원천 봉쇄하고 싶었다. 그래서 우격다짐으로 엄마의 수술 일정을 밀어붙였다. 병실에서 엄마가 팔자 눈썹을 하고 잔뜩 겁에 질려 있을 때, 수술 후 말라붙은 입술로 힘겹게 물을 삼킬 때, 나는 배에 힘을 주고 일부러 높은 톤으로 우리의 미래를 이야기했다.

"엄마, 수술 잘 받고 다 나으면 나랑 같이 포르투갈 가자. 물가도 싸고 음식도 엄청 맛있어."

"엄마, 조카들 대학 가고 군대 가는 모습 봐야지. 엄마, 엄마……."

다행히 조직검사 결과 폐암은 아니었다. 그러나 폐의 3분의 1가량을 떼어낸 엄마는 예전보다 눈에 띄게 쇠약해졌다.

그해 여름, 안면마비가 찾아오고 가족들 몰래 시험관을 시도했다. 그러느라 포르투갈로 여행 가자던 약속을 계속 외면했다. 공수표를 날린 게 미안해져서 이불 속에서 더듬더듬 엄마 손을 찾아 붙잡았다. 생각보다 더 작고 마른 손에 눈물이 났다. 외할머니가 돌아가셨을 때 엄마가 붙잡았던 외할머니의 손이 생각났다. 외할머니를 떠나보낼 때 "엄마, 엄마!" 하고 목놓아 울던 엄마의 목소리도 떠올랐다. 엄마는 김장하다 무를 썰던 채칼에 손톱이 반절쯤 날아갔어도 붕대로 뚤뚤 말아 지혈을 하고 돌아와서 하던 일을 마치는 사람이었다. 그런 엄마가 아기처럼 엎어져서 엉엉 울었다. 솔직히 놀랐다.

‘예순이 넘은 엄마한테도, 엄마가 필요하구나.’

뒤늦게 그런 생각을 했던 것 자체가 새삼 미안해지는 밤이었다. 나이 마흔이 넘었어도 나는 이렇게 어린애에 불과하고, 예순이든 팔순이든 앞으로도 영원히 나에게는 엄마가 필요하다. 그때의 엄마도 마찬가지였을 것이다.

나의 한쪽 가슴을 물고 잠든 아기와, 역시 새근새근 숨소리를 내며 자는 엄마를 보며 그저 감사했다.

엄마가 살아 있다. 살아서 숨 쉬고 있다. 아무 조건 없이 내게 무한한 사랑을 준 사람이 곁에 있다.

나 역시 아기에게 그런 존재가 될 것이다. 아기는 내가 그랬듯 얼마간의 시간이 지나면 나를 귀찮아하고 혼자만의 공간을 찾아 떠날 걸 이미 안다. 그러나 온전히 나에게만 의존하던 작은 생명체가 독립된 개체로 성장하는 과정을 지켜보는 것도 꽤 경이롭고 신기한 경험이 될 것이다. 생각이 꼬리에 꼬리를 물었던 이날 새벽, 출산하기를 참 잘했다고 생각했다.

그전의 나는 매일매일 ‘오늘’만 살았다. 아기를 낳고 나서 나의 근원과 미래에 대해서 좀 더 큰 틀에서 바라보고 생각하게 됐다. 왜들 그렇게 아기를 낳은 게 ‘태어나서 가장 잘한 일’이라고 입을 모으는지 그제야 어렴풋이 이해했다. 그저 귀여운 생명체가 주는 희열을 넘어선, 인생의 다음 단계로 성장하는 기분이 들었다.

그래서 아기를 보며 영화 〈아가씨〉의 문장을 자꾸만 비장하게 곱씹는다.

"내 삶을 망치러 온 나의 구원자."

이제는 예전처럼 밤낮으로 취재원들을 만나지도 못할 테고, 자연스레 취재력도 약해지겠지.

그럼에도, 과거였다면 상상도 하지 못할 행복감이 매일매일 가슴 뻐근하게 밀려든다. 아기를 더욱 온전히 책임지기 위해 정신적으로 신체적으로 건강해지려고 노력하고 있다. 시청자로서 한 발짝 떨어져 TV로, 유튜브로, 온라인으로 뉴스를 보면서 더 나은 저널리즘을 고민하고 있다.

그러니 아직 열리지 않은 복직 이후의 삶이 두렵지만 기대된다. 나는 언제나 그랬듯, 답을 찾아나갈 것이다.

맺으며

안면마비가 발병했던 이후로 모든 것이 마냥 힘들기만 했던 건 아니었다. 나를 설레게 하는 몇 가지 이벤트도 분명 있었다. 그 가운데 하나는 초등학교 시절의 친구 K와 주고받는 이메일이었다.

지금처럼 초등학교 하교 시간마다 부모님들이 교문을 지키지 않았던, 학원 '뺑뺑이'가 없었던 그 시절. 우리는 수업이 끝나면 나란히 교문을 나서서 엄마가 저녁 먹으러 들어오라고 부를 때까지 오후 시간을 거의 매일 같이 보냈다. 하지만 그 친구가 이사를 간 뒤로는 한두 번의 연락을 끝으로 서로 어떻게 사는지 모른 채 지내왔다.

그러던 몇 해 전에 K로부터 메일이 왔다.

"이름이 같아서 혹시나 했는데, 어릴 때 얼굴이 맞는 것 같아서 회사 메일 주소를 찾아 연락을 보내."

K는 지금 미국에서 살고 있다는 내용이었다. 우리는 아주 드문드문 안부를 물으며 메일을 주고받았다. 그리고 2023년 늦은 봄, 거의 30년 만에 얼굴을 마주했다.

솔직히 말하자면, 약속을 잡고 K를 기다리는 식당 안에서 나는 약간 후회도 했다.

'막상 얼굴을 마주치면 할 말이 뭐가 있을까? 잘 기억도 나지 않는 꼬마 시절의 인연, 그것도 2~3년이 고작인걸.'

낯선 사람을 만나서 대화하는 게 직업이다. 그 일을 꽤 잘하는 축에 속한다고 생각해왔다. 그런데도 긴장이 되었다.

정말 신기한 노릇이었다. 환하게 웃으며 식당 문을 들어서는 K를 보자마자 내 세상은 1992~1993년으로 회귀했다. 나란히 신발주머니를 뱅뱅 돌리며 터덜터덜 걷던 하굣길. 가방 속 빈 도시락통의 달그락거리는 소리를 들으며 놀이터를 갈까, 누구 집에 놀러 갈까, 나란히 고민하던 시절의 그 아이가 내 앞에 서 있었다.

한국에서 석박사를 마친 K는 미국으로 유학을 갔다가 현지 회사에 취업해서 근무하고 있다고 알려줬다. K의 근사한 이력에 감탄한 것도 잠시, 중년을 향해 달려가는 K-차녀로서 우리의 삶은 그다지 다르지 않았기 때문에 대화는 금세 가족들 이야기로 가득 찼다.

"맞아, 맞아. 너도 그러니?"

연이어 맞장구를 쳤다. 한국과 미국의 문화도, 서로가 속한 산업도 다르지만 '중간 간부급', 회사에서 위아래로 '끼어 있는' 가운데 포지션이 받는 고충 역시 비슷했다.

K는 휴대전화에서 사진 한 장을 보여줬다.

"달에서 찍은 지구야. 나는 그들이 하는 농담이나 말의 뉘앙스를 100% 이해하지 못하니까, 어쩔 수 없이 외로워질 때가 있거든. 그럴 때마다 이 사진을 봐. 우주에서 보면 지금 여기 있는 내가 얼마나 하찮고 별것 아닌지를 생각하게 돼. 한 10분? 아무 생각 없이 이 사진을 보면 괜찮아지더라고."

K를 만난 지 한 달도 되지 않아 나는 안면마비를 겪었다. 병원에 입원해서 달에서 찍은 지구 사진을 바라보며, 이 땅 반대편 어딘가에서 같은 사진을 바라보고 있을 K를 떠올렸다.

나는 힘들다. 우주 속에서 아무것도 아닌 존재라고 생각하면 이 힘듦도 별것 아니라는 걸 알고 있다. 그렇지만, 그럼에도, 힘들기 때문에, 나의 하찮음이 이중으로 힘들다.

그래도 누군가 나와 함께 나란히 우주 속을 부유하고 있다고 생각하면 좀 덜 외롭고 의지가 되었다. 아무래도 가까운 남편과 가족, 친구들에게는 "괜찮아."라고, 씩씩한 모습을 보여야 한다는 강박이 있어서 그랬던 걸까? 아주 가깝지는 않지만 느슨하게 우호적이며 친밀한 K와 함께 상상 속에서 아무

힘도 없이, 아무 부담도 없이 축 늘어져서 먼지처럼 떠다니는 동안, 나의 기분도 좋아졌다.

이 책을 쓰는 것이 사실 매우 힘들었다. '세상의 70%는 나에게 관심이 없고, 20%는 싫어하고, 10%만 좋아한다'는 말이 있다. 실제로 그보다 더 많은 사람들이 나에게 관심이 없겠지.

하지만 태극기부대 등 나를 '열정적으로 싫어하는' 사람들을 겪었던 경험이 머릿속을 시도 때도 없이 침범했다. 에세이를 쓰는 내내 모든 문장을 검열하게 만들었다.

'혹시 꼬투리 잡힐 표현은 없나? 확대·과장·왜곡해서 이상한 주장을 펼칠 여지는 없나?'

끝도 없는 검열이 이어졌고, 이렇게 해서는 도무지 진도가 나갈 수 없겠다는 판단이 섰다. 그래서 어느 순간부터는 그냥 K에게 편지를 쓰듯 글을 썼다. 이 글을 읽을 독자들도 K와 비슷하게, 나에게 대단한 관심도 이해관계도 없지만, 느슨하게 우호적인 사람일 거라고 상정하니 마음이 편해졌다.

어디선가 나처럼 막연하게 힘들고 외로운 시간을 보내고 있는 우주 속의 먼지들에게 다정하게 인사를 건넨다. 관심이 있을지 없을지 모르겠지만 수다를 떨어본다. 나의 경험이 당신에게 위로가 되었으면 좋겠다.

출간 논의를 시작한 지 무려 6년에 가까운 시간이 흐르고 이제야 겨우 결과물을 내놓게 되었다.

앞서 《여자 전쟁》을 번역할 당시와 마찬가지로 참을성 있게 믿고 기다려준 출판사 클, 특히 홍경화 편집자에게 무한한 감사와 애정을 보낸다.

특히 안면마비로 마음이 무겁고 괴로웠던 시기에 이 책을 쓰면서 나 자신도 많이 치유가 되었다. 한없이 쪼그라들고 위축되어 있던 나는, 출판사에서 초고를 검토하고 잡아준 방향대로 다시 글을 써내려가면서 스스로에게 두껍게 쌓여 있던 먼지를 떨어낼 수 있었다.

그러면서 다시금, 내가 기자라는 직업을 얼마나 사랑했던가, 나는 이 직업 덕분에 또 얼마나 행복했던가, 이 일을 하며 얼마나 가슴 벅차게 보람찼던가, 내 소중했던 시간을 하나하나 새롭게 되찾았다. 작은 정보 하나라도 제대로, 빨리, 정확하게 알아내기 위해 얼마나 고군분투했는지, 일하는 내내 얼마나 많은 사람과 머리를 맞대고 고민을 했는지, 기자로서의 심수미를 내 안에 다시 한번 되새겼다. 언론의 신뢰도가 날로 추락하는 시대지만, 나의 글이 대중으로 하여금 '기자'라는 직업을 이해하는 데 조금이나마 도움이 되면 좋겠다는 바람이 생겼다.

내가 그렇게나 열심히 일에만 몰두할 수 있도록 전폭적인 지원을 해준 엄마, 아빠, 언니, 특히 언제나 가장 든든한 지원

군이 되어주는 남편 하남직 님과 내가 낳은 첫사랑, 아들 찰떡이에게 이 책을 바친다.

2026년 4월
심수미

매일 저녁 90초를 위한 시간

오늘도 질문하는 기자의 뉴스가 되지 못한 문장들

1판1쇄 펴냄 2026년 5월 6일

지은이 심수미

펴낸이 김경태
편집 조현주 홍경화 강가연
디자인 박정영 김재현 | **마케팅** 정현우 김예은
사진 띠지 그라퍼, 255쪽 강정현

펴낸곳 (주)출판사 클
출판등록 2012년 1월 5일 제311-2012-02호
주소 03385 서울시 은평구 연서로26길 25-6
전화 070-4176-4680 | 팩스 02-354-4680 | 이메일 bookkl@bookkl.com

ISBN 979-11-94374-78-7　03300